딸, 산티아고 갈래?

완벽하지
않은
산티아고

정미영

목차

- 프롤로그　5
- 출발 전　7
- 27일의 기록　11
- 여행을 끝내고　236

프롤로그

몇 년 전, 제주올레를 걸었다. 운동이라고는 숨쉬기밖에 할 줄 아는 게 없던 내가 하루, 이틀, 일주일, 보름 그리고 내리 한 달을 걷기 시작했다. 그 길에선 매일 먹던 약도 걱정도 시름도 없었다. 제주에 중독된 나는 점점 다른 길 위를 꿈꾸었고 그것은 지구 저 너머 산티아고였다.

그 길에서 난 많은 인연을 만났고 내 삶의 끝자락을 어떻게 마무리할지도 답을 얻었다. 이제 돌아와 만나는 모든 사람에게 말한다.

떠나라고. 그리고 그 길 위에서 걸으라고.

특별히 산티아고를 걷고는 싶은데 체력이 안 되거나 잠자리가 걱정인 분들, 그리고 그 길을 걸으며 만나는 수많은 작은 시골식당에서 그곳만의 음식과 와인, 그리고 좋은 사람과의 만남을 즐기고 싶은 분들과 내 경험을 나누고 싶다.

출발 전 (D-1 코로나 진단)

산티아고 순례길을 가겠다고 결정하자 고맙게도 잠시 일에서 휴식기를 갖게 된 딸이 기꺼이 동행하겠다고 했다. 우린 많은 정보를 수집했다. 산티아고는 정말 정보가 많았다. 책, 블로그, 인스타그램, 그리고 먼저 다녀오신 산티아고 선배님에게 열정적인 개인교습까지 받았다. 하지만 그 많은 정보가 다 우리 것이 되지는 않았다. 그래서 결정했다. 공식대로 하지 못할 바엔 차라리 우리에게 맞는 순례길을 걷자고. 하지만 그 또한 다 뜻대로 되지 않았으니.

출발 이틀 전부터 몸에 이상이 느껴지더니 결국 하루 전 급하게 찾은 병원에서 코로나 진단을 받았다. 몇 달을 준비한 프로젝트인데... 절망스러웠다. 하지만 의사 선생님의 가도 될 것 같다는 진단에 주사도 맞고 약도 잔뜩 챙겨 마스크로 중무장한 뒤 짐을 쌌다. 몇 달 전 비행기를 예약할 때, 허리 디스크로 인한 엉치뼈 통증이 심해 열몇 시간 앉아서 갈 수 있을까 고민되었다. 고심 끝에 비싼 국적기까지는 아니어도 조금 저렴한 에어프랑스로 비즈니스 좌석을 끊었다. 이게 다 오늘을 위한 큰 그림이었던 건지, 감사하게도 편안한 좌석에 홀로 고립된 채로 끼니마다 따뜻한 밥을 먹고 푹 자며 산티아고로 향할 수 있었다.

혹 순례길을 가는데 웬 비즈니스며 따스운 잠자리 타령이냐 하는 사람이 있을 수도 있지만, 60~70대 또래에게 난 굳이 그러지 말라고 말한다. 내 몸과 형편이 허락하는 대로 그 길을 즐겼으면 좋겠다고 그 에너지로 더 많은 걸 보고 행복해지라고 말하고 싶다.

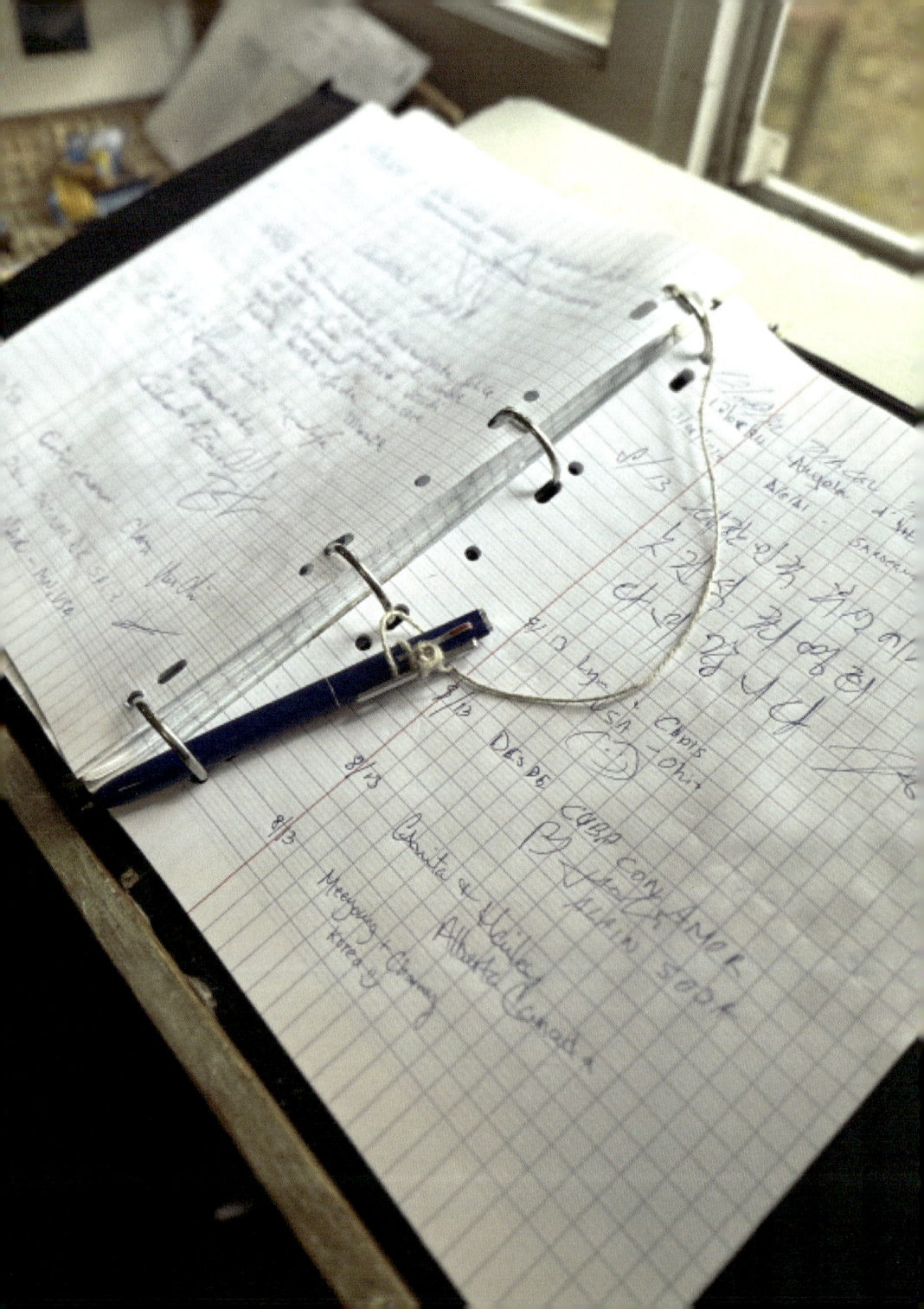

27일의 기록

#1

심한 몸살기로 비행기를 탈 수 있을까... 천만번 고민 후 드뎌 출발~ 먹고 자고 먹고 자고를 몇 번 반복하니 파리 도착. 인천에서 비행기 출발이 많이 늦어진 탓에 달리고 달려 비아리츠로 다시 출발~ 또 주는 밥 먹고 나니 도착. 온몸의 에너지 다 짜내서 호텔 체크인...
긴 여정의 첫날은 이렇게 마무리한다.
#제주올레 #산티아고순례길
#산티아고공동완주 #jejuolle
#caminodesantiago

우여곡절 끝에 공항으로 향했다. 출발 전까지도 가야 하나 말아야 하나 고민하고 또 고민하고. 내 컨디션도 엉망이었지만 몇 해째 요양원에 계시는 노모도 걱정이었다. 걷는 도중 언제든 안 좋으시다는 연락이 오면 비행기를 탈 수도 있겠다는 생각으로 출발했고, 막냇동생에겐 특별히 미안함과 당부를 함께 전하고 길을 나섰다. 한 달 예정(정확히는 27일 정도) 일정에 트레킹 옷 두 벌, 잠옷 하나, 속옷 두 벌, 저렴이 아이크림 하나, 선크림, 신발 두 켤레가 전부인 짐인데도 컨디션이 안 좋으니, 어깨를 짓누른다. 출발 전 공항 저울에 올린 내 배낭은 8.4kg 딸 배낭은 6.7kg이다. 은근히 속으로 내 짐을 좀 덜어주지 않을까 기대했는데 어림없는 생각이었다. 잘 지고 따라오란다. 이런!

몸이 안 좋은데 인천에서의 출발 시각도 자꾸 늦어진다. 최악의 컨디션으로 산티아고를 향해 출발했다. 다행히 마스크도 쓰고 살짝 격리된 좌석이라 편안하게 먹고 자고를 반복하며 첫 번째 경유지인 파리로 향했다. 인천에서 출발이 늦어진 탓에 비아리츠로 가는 비행기를 타려면 또 달려야 했다. 코로나로 컨디션이 엉망인데도 파리 공항 면세점을 구경도 못 하고 달리는 것이 살짝 억울

하다. 왜지? 무사히 비행기를 갈아타고 늦은 밤 비아리츠 공항에 도착했다.

산티아고 선배님이 개인교습 때 알려주신 호텔을 사전에 예약했다. 도보로 5분 거리인 호텔에서 이 긴 여정의 첫 밤을 보낼 수 있었다. 다음 날 새벽 일찍 길을 나설 예정이어서 말 그대로 잠만 잤던 것 같다. 무사히 올 수 있음에 감사한 하루였다.

 **참고하시면 좋아요**

Sure Hotel Biarritz Aeroport
비아리츠에서 내리는 비행기는 밤 10시 넘어 도착한다. 걸어서 5분 거리에 있는 호텔을 예약해 두면 연착 걱정할 필요가 없다. Best Western 계열사라 멤버십에 미리 가입해 두면 할인도 받고 포인트도 쌓을 수 있다. 예약 포함 사항 중 Courtesy Tray는 유럽 호텔에서 흔히 볼 수 있는 것으로 주로 커피 믹스, 작은 과자 정도를 의미한다. 조식은 지역 특산 디저트 등을 포함한 빵 종류 및 달걀 요리, 즉석 오렌지 주스 등 꽤 알찬 구성이니 망설여진다면 이용해 봐도 좋다.

#2

동트기 전 일어나 아침 든든히 챙겨 먹고 길을 나섰다. 먼저 Bayonne 성당에 들러 순례길 시작과 감사 기도를 드리고 기차로 Saint-Jean- Pied-de-Port로 이동했다. 기차에서 보는 풍경 하나하나가 얼마나 아름다운지…
오늘은 순례자 사무실에서 등록만 하고 쉬기로 한다.
#제주올레 #산티아고순례길 #산티아고공동완주
#Jejuolle #caminodesantiago

다행히 푹 자고 일어난 탓에 아직 회복되지 않은 몸이 조금은 가벼워졌다. 호텔에서 살뜰하게 조식도 챙겨 먹고 든든하게 순례길 첫날을 시작했다. 어깨에 둘러멘 배낭이 아직은 낯설고 무거웠지만 상쾌한 새벽공기에 몸과 마음이 다 시원해졌다. 살짝 어둠이 남아있는 길을 걸어 버스를 타고 바욘 성당으로 향했다. 무사히 순례길을 시작할 수 있음에 감사하고 남은 순례길 일정을 위해 기도 드렸다. 아직은 낯선 풍경의 도시를 이리저리 가로지르며 생장으로 향하는 바욘 기차역으로 향했다. 처음으로 만난 한국인 부부와 반갑게 인사를 나누고 자리에 앉으니 시원하고 아름다운 풍경이 창밖으로 펼쳐진다.

이 아름다운 순간들은 가는 길 내내 순례길에 대한 나의 기대를 부풀게 했다. 생장에 도착하니 누가 보아도 같은 목적의 사람들이 한 곳으로 향한다. 우리도 오늘은 순례자 사무실에 들러 등록만 하고 쉬기로 했다. 내 컨디션도 그렇고 아직은 다른 여행자들과 숙소를 같이 쓰는 게 혹시나 폐가 될 수 있을 것 같아 당분간은 둘만 쓰는 숙소를 이용하기로 했다. 물론 비용이 좀 더 들기는 하겠지만, 탄력적으로 예산을 짜기로 했다.

숙소는 큰길과 붙어있는 2층 방이었는데 마침 내리는 비 덕분에 퍽 낭만적인 분위기를 느낄 수 있었다. 아직 몸이 부실한 어미를 위해 첫날부터 먹을 거로 고민하는 딸아이가 마음에 걸렸다. 그래도 밥을 먹자며 중국인이 운영하는 도시락집을 찾아 초밥을 사 왔다. 차가운 밥이지만 딸내미 사랑이 담겨있어 그런지 힘이 나는듯하다. 밤이 되자 비가 더 억세지며 천둥번개까지 친다. 내일을 기약할 수 없는 그런 밤이다.

 ## 참고하시면 좋아요

Lily woks & sushis Saint Jean Pied De Port
먼 길 나서기 전에 밥으로 체력을 보충하고 싶다면 들러볼 만하다. 우리가 방문했을 때는 초밥만 가능했지만 우동, 볶음밥 등도 메뉴에 있다. 큰길 가에 있어서 찾기도 쉽다.

La Petite Cuillére
으슬으슬한 생장의 날씨에 몸과 마음을 따뜻하게 녹여줄 디저트 맛집이다. 초콜릿 전문점에서만 맛볼 수 있는 정통 핫초콜릿을 추천한다.

Magasin Annie
우표를 찾는 딸을 따라 생장을 돌고 돌아 찾은 곳이다. 우체국에 가기 어렵다면 이곳에서 국제 우표를 구할 수 있다. 엽서를 사는 사람에게만 제공하며, 가게 옆에 우체통이 있다.

#3

어제저녁부터 천둥번개에 폭우가 쏟아지더니 오전 내내 나아질 기미가 보이질 않는다. 보르다까지 가는 일정을 잠시 미루고 비 오는 동네 구석구석을 구경한다. 제주올레 팸플릿 들고 순례자 사무실에 들러 잠시 홍보~ 오후에 잠시 비가 그치고… Pamplona로 가는 버스를 탔다. 버스로 넘는 피레네산맥의 아름다움은 그저 내 가슴 속에 담아두기로 한다.

#제주올레 #산티아고순례길 #산티아고공동완주
#Jejuolle #caminodesantiago

어제부터 내리친 천둥 번개가 그칠 기미가 없다. 원래대로라면 피레네산맥을 넘는 일정으로 그토록 아름답고 유명하다는 오베르지 보르다에 묵을 예정이었다. 오기 전 숙박비도 다 결제했지만, 도저히 어려울 것 같아 주인 분께 미리 연락을 드렸다. 아쉬움으로 치자면 앞으로도 많은 길과 장소들이 있을 것이다. 편안한 마음으로 내려놓겠다고 다짐하고 뒤돌아보지 않기로 했다. 두 번째 일정인 보르다까지 가는 일정을 잠시 내려놓고 이왕 이렇게 된 거 생장 구석구석을 즐겨본다. 잠시 순례자 사무실에 들러 제주올레 홍보도 살뜰하게 했다. 사실 스페인 출발 전 나와 딸은 제주올레 홍보대사로 위촉되어 순례길 내내 곳곳에 제주올레 안내서를 배치하고 홍보하는 막중한 임무를 띠고 왔다. 우리가 너무도 좋아하는 제주올레이기에 만나는 사람마다 꼭 한번 놀러 오라고 열심히 전도했던 것 같다.

오후에 잠시 비가 그치고 우리는 우리 컨디션과 시간을 고려해 팜플로나까지 버스로 이동하기로 했다. 순례길에서 경험한 스페인의 버스는 컨디션이 정말 좋았다. 그 아름답다는 피레네산맥을 우리 둘만 그것도 버스 맨 앞자리에 앉아 달렸다. 굽이굽이 짙은 녹음 속 피레네산맥을 달리던 그때의 흥분과 감탄은 영원히 내 마음속에 남아있을 것 같다. 비록 내 두 다리로 피레네를 넘지는 못했지만 빗속에서 그것도 그 좁은 산길을 대형 버스로 내달리던 드라이버의 운전 솜씨는 가히 예술이었다. 그렇게 우리는 원래 머물려 했던 론세스바예스를 지나쳐 팜플로나에 도착했다.

 ## 참고하시면 좋아요

Auberge Borda
피레네산맥을 한 번에 넘기 어렵다면 이곳이 적당한 숙소가 될 수 있다. 우리는 결국 머물지 못했지만, 아름다운 경치와 센스있는 주인장에 대한 칭찬이 자자한 곳이다.

Alsa bus: Saint-Jean-Pied-de-Port to Pamplona
계절에 따라 피레네산맥을 넘는 이도 있고 우회하는 이도 있겠지만 혹시 우리처럼 불가피한 이유로 건너뛰어야 하는 일이 발생한다면 버스가 최선이다. 구글 지도로 검색하면 나오는 Alsa 버스는 인터넷으로 쉽게 예약 가능하다. 또, Alsa 회원가입을 해두면 다른 구간에서 할인 및 포인트 적립을 받을 수 있으니 한 번이라도 버스를 이용한다면 추천한다. 생장 출발점에서 우측으로 쭉 가면 나오는 주차장 맞은편에서 오는 버스를 타면 저렴한 비용으로 숙련된 기사님과 함께 론세스바예스 및 여러 마을을 거쳐 팜플로나까지 갈 수 있다. 막상 타보니 우리 외에도 몸 상태가 좋지 않거나 다른 도시로 가는 외국인 순례자들을 어렵지 않게 만날 수 있었다.

#4

마음처럼 따라주지 않는 몸 때문에 결국
팜플로나에서 하루 더 묵기로 한다.
스페인의 작은 골목들을 구석구석 다니며 이집
저집 기웃거려 본다. 그 끝자락 언덕에 팜플로나
대성당이 있다. 들어가기 전까지 그 아름다움은
상상할 수가 없다.
가만히 나를 내려놓고 기도를 드린다.
매일 매일이 감사하다.
#제주올레 #산티아고순례길 #산티아고공동완주
#Jejuolle #caminodesantiago

너무 흥분했던 탓일까? 팜플로나에서 컨디션이 더 나빠졌다. 무리해서 일정을 진행할 수 없어 우린 팜플로나에서 하루 더 쉬어가기로 했다. 다행히 팜플로나가 큰 도시라서 식사하기도 좋았고 비행기에 실어 오지 못한 스틱도 살 수 있었다. 답답한 마음도 달랠 겸 산책길에 나섰다. 한참을 걷다 보니 언덕 끝자락에 팜플로나 대성당이 있다. 계획대로 진행하지 못하는 조급한 마음과 속상함을 잠시 내려놓고 이 길까지 인도하신 그분에게 감사의 기도를 드린다. 생각해 보면 늘 그랬던 것 같다. 뭔가를 계획하고 하지도 못하면서 맘 졸이고 또 이루지 못하면 자책하는 그런 날들의 연속이었던 것 같다. 나 자신만으로도 부족해 남편 아이들에게도 그랬다고 생각하니 참으로 부족한 아내요, 엄마였던 것 같다.

가려던 길을 자의 반 타의 반 못 가게 되니 많은 생각이 머릿속을 오간다. 출발 전부터 시작된 일련의 사건들을 통해 이번 순례길에서 나에게 진정으로 원하는 게 무얼까 생각해 본다. 그것이 무엇이든 계획대로 되지 않는다면 편안한 마음으로 모든 것을 내려놓고 한숨 고르기는 어떨까. 사실 40일이 걸리는 순례길 800킬로를 27일 안에 걷기로 했을 때부터 우리는 많은 것을 포기하고 내려놓아야 했는지 모르겠다. 그 과정에서 배운 많은 것들이 야말로 이번 순례길의 귀한 선물이기도 했다.

 ## 참고하시면 좋아요

Decathlon City Pamplona-Iruñea
유럽 노선에서 수화물 연착 또는 유실은 생각보다 빈번하다. 그래서 우리는 처음부터 기내 휴대가 가능한 배낭을 찾았고, 스틱 등 기내 반입이 어려운 물건은 현지에서 조달하기로 했다. 트레킹 용품을 파는 곳은 어렵게 않게 찾을 수 있지만 그 중 데카트론은 특히 가성비 좋은 다양한 물건으로 가득하다. 시내에 있는 이 지점은 순례자들의 단골 가게인지 재고는 많지 않지만, 필요한 물건을 찰떡같이 알아듣고 찾아주었다. 가장 저렴한 스틱에 비해 고무 팁이 비싸게 느껴졌지만 둘 다 순례길 내내 후회 없는 선택이었다. 같은 스틱을 들고 걷는 순례자가 꽤 많으니 구매 후 매직으로 크게 이름과 연락처를 적어두면 좋다.

Bar Gaucho
워낙 유명한 핀초 맛집이라 많은 설명이 필요 없지만 시간을 잘 맞춰 가야 한다. 점심과 저녁 시간 중간에 가면 부엌이 열지 않아 주문할 수 있는 메뉴가 제한된다.

Café Iruña
1888년 7월에 오픈한 헤밍웨이가 사랑한 카페로 내부도 근사하지만 야외 테라스에서 음료 한 잔 시켜놓고 광장 구경을 하다 보면 신선놀음이 따로 없다. 숨겨진 안쪽 바에 헤밍웨이를 찾아보는 재미도 있다.

#5

오늘의 시작도 호텔 레스토랑에서
맛나게 아침 먹기... 그리고 간단하게 샌드위치와
납작 복숭아 하나를 챙겨 길을 나선다.
Pamplona에서 출발한 순례길은 용서의 언덕까지
아름답지만, 끝이 없는 언덕이다.
너무 지쳐 갈 수 없을 것 같던 내리막도...
끝이 없는 땡볕 길도 잘 걸어준 나를 칭찬한다.
#제주올레 #산티아고순례길 #산티아고공동완주
#jejuolle #caminodesantiago

쉬었으니 출발이다. 일단 호텔에서 아침을 먹기로 하고 식당으로 가니 이른 시간 탓에 손님이 우리뿐이다. 달걀로 예쁘게 케이크처럼 만든 게 있어 먹어보니 아주 맛있다. 요리사에게 물어보니 '토르티야'란다. 이게 집마다 식당마다 조금씩 레시피가 다르기도 하고 물론 맛도 다르다. 갓 만든 토르티야를 둘이 거의 한 접시를 먹어 치웠더니 눈치 빠른 요리사가 더 만들어 줄까 묻는다. 아침부터 이 정도 먹성이면 걱정이다. 아무튼, 우린 이날 이후 기회만 되면 토르티야를 먹었고, 급기야 마지막엔 요리 강습까지 받는 지경에 이른다.

무척 단순하면서도 깊은맛을 내는 스페인 요리에 빠진 것도 생각해 보면 이날부터였던 것 같다. 배가 부른 것도 모자라 혹시 모를 길 위에서의 배고픔에 대비해 접시에 담아 온 재료로 샌드위치까지 만들어 배낭에 챙겼다. 여기는 스페인 아닌가? 올리브유와 빵만 있어도 훌륭한 한 끼 식사가 된다. 거기에 납작 복숭아 하나 더한다면 이건 뭐 말이 필요 없다. 이때는 몰랐지만, 스페인의 납작 복숭아는 정말 맛이 있다. 가격도 저렴해서 순례길 내내 납작 복숭아를 먹은 것 같다. 저녁마다 들른 동네 슈퍼에서 다음날 먹을 납작 복숭아 두 알과 커다란 물 두 병 이렇게 사면 항상 2유로를 넘지 않았다. 한 달 넘게 길 위에 사는 순례자들에겐 이 또한 감사한 일이 아닐 수 없다. 그렇게 매일 납작 복숭아를 먹고도 물리기는커녕 스페인에서 제일 그리운 추억이 되었다.

 **참고하시면 좋아요**

Occidental Pamplona
팜플로나 중심가에서 약간 벗어난 호텔이라 4성급이지만 하급의 시내 호텔보다 저렴하다. 며칠 걸어 지친 상태에서 푹신한 침대, 깔끔한 샤워와 고품질 음식으로 충전이 필요하다면 추천한다. 근처에 다양한 컵라면과 봉지라면을 파는 자판기도 있고 순례길에서도 멀지 않다.

UDON
아직 회복되지 않은 몸에 뜨끈한 국물을 찾다 발견한 스페인식 우동/라멘 체인점이다. 이후 다른 도시에서도 종종 볼 수 있었는데, 갑자기 익숙한 맛이 그리울 때는 이곳과 'SIBUYA'라는 체인점에 가면 큰 실패는 없다.

#6

어제 조금 무리를 했지만,
아침에 가볍게 다시 시작을 해본다.
좁은 골목길 끝... 역시나 성당이 있다.
이번에도 역시 외관과 달리 성당 안은
놀라우리만큼 아름다웠다. 마을 끝에 자리 잡은
조그만 빵집에도 잠시 들러 크루아상 하나에
뜨거운 커피 한 잔의 호사를 누린다. 오늘도
30도가 훌쩍 넘는 땡볕에 에어컨 없이도 살 수
있는 내가 기특하다.
#산티아고순례길 #caminodesantiago #Estella

출발이 늦어졌다고 생각해서였는지 첫날부터 무리해서 걸었다. 바셀린을 꼼꼼히 바른 내 발과 달리 딸내미 발바닥은 물집투성이가 되었고 나 또한 종아리 뒤쪽이 빨갛게 타올랐다. 얼굴과 팔에만 집중해서 선크림을 바르고 햇볕이 제일 많이 닿는 다리를 깜박한 것이다. 스페인의 햇볕을 너무 가볍게 생각한 탓도 있다. 다행히 수습할 수 있을 때 약도 바르고 알로에 크림도 꼼꼼히 발라 본다. 바셀린이 얼마나 싸고 좋은 크림인지 아픈 경험을 하고 나서야 딸내미도 아침마다 발가락 사이사이 바셀린을 바른다. 출발 전 많은 사람의 조언을 듣고 왔지만 정작 본인이 경험해 보지 않으면 안 되는 것도 꽤 있는 것 같다. 개인마다 컨디션도 다르고 환경의 영향을 받는 차이도 있어 딱히 이게 정답이다 하는 건 없는 것 같다. 하루 이틀만 걸어도 금방 알 수 있는 만큼 대응도 빨리할 수 있는 것 같다. 아무튼 이날 이후로 우리 둘은 햇볕도 물집도 전혀 문제없이 한 달 동안 걸을 수 있었다.

 ## 참고하시면 좋아요

Panadería Taberna
1897년에 오픈한 전통과 내공이 느껴지는 Puente la Reina의 빵집이다. 마트보다는 가격이 있지만 그래 봤자 한국 빵보다 매우 저렴한 가격에 갓구운 빵을 맛볼 수 있다. 카페 콘 레체와 곁들이면 더없이 훌륭한 조식이 완성된다. 빵 이름을 몰라도 진열대에서 맛있어 보이는 것을 고르면 된다.

#7

Estella에서 출발 Burgos 도착...
며칠을 덜어내고 덜어내 들고 온 배낭은 8kg... Irache 와이너리까지 겨우 3km 구간은 80kg 정도의 삶의 무게가 느껴졌다. 하지만 순례자를 위한 누군가의 와인 한 모금의 배려는 배낭 무게마저도 슬쩍 가벼워지게 한다. 이 길을 왜 걷는지 사람들은 묻는다. 무더위와 어깨를 조이는 통증에 아무 생각도 할 수 없을 것 같았는데... 나의 머릿속은 점점 더 요동을 친다. 참 알 수 없는 여정이다.
#산티아고순례길 #caminodesantiago #Laurel #CafeAngel #버섯구이 #한치구이

아직도 적응되지 않는 무거운 배낭을 지고 이라체 와이너리를 향해 걸었다. 술을 전혀 못 먹는 나와 달리 딸아이는 와인을 무척 좋아한다. 길을 걷는 모든 순례자에게 와인을 무료로 주는 곳이 있다니… 그것도 수도꼭지에서 와인이 쏟아진다니 상상도 안 되고 신기하다. 한참을 걸어 이마에 땀이 송골송골 맺히기 시작할 무렵 포도나무들이 보이기 시작한다. 미국에서 들었던 나파밸리의 포도밭까진 아니지만 역시 아름답다. 와이너리 뒤쪽으로 순례자들이 줄을 서 있었고 그곳에는 정말 수도꼭지에서 와인이 나오고 있었다. 다행히 많이 붐비지 않아 여유롭게 가져간 컵에 와인을 따르고 마셔본다. 술맛을 전혀 모르는 사람도 알아차릴 정도로 맛은 없다. 공짜 술, 그 이상도 그 이하도 아니지만 무거운 짐을 지고 이 길을 지나는 나그네들의 갈증을 풀어주기엔 충분했다. 아니 참으로 감사했다.

파리 올림픽에 참가했다가 곧바로 스페인으로 왔다는 한 청년은 온몸을 태극기로 장식하고 반갑게 인사를 한다. 두 번째로 만난 한국 사람이다. 건강하게 순례길을 마치길 바라는 마음을 담아 서로에게 "부엔까미노!"를 외치며 다시 길을 나선다.

 ## 참고하시면 좋아요

Bodegas Irache
이미 잘 알려진 곳이지만 시간대를 맞추지 못하면 와인을 맛보지 못하는 불상사가 발생할 수도 있다. 공식적으로 오전 8시에서 오후 8시까지라고 적혀 있지만 너무 늦게 가면 동이 나고 없는 경우도 있다고 한다. 그렇다고 너무 일찍 가면 아직 열지 않았거나 와인을 채우기 전인 경우도 있다고 하니 오전 9시 전후에 가는 것을 추천한다. 병을 들고 와서 채워가는 사람도 있다지만 맛만 보는 것으로도 충분히 기운이 난다. 하루에 내어주는 양이 정해져 있으니 다음 순례자를 위해서도 필요 이상은 담지 말자. 수도 아래에 컵이 비치되어 있지만 개인 컵이 있다면 위생적으로 이용 가능하다. 와이너리에서 운영하는 웹사이트에 들어가면 실시간 카메라로 본인의 모습을 확인할 수도 있으니 이색적인 셀카를 남겨보는 것도 재미있는 경험이다.

#8

아침부터 많이 지치고 맘이 아픈 날이다.
Burgos 대성당 주변을 맴돌았다.
화려한 겉모습만큼이나 대성당 내부는
나의 언어로는 표현이 안 될 것 같다.
작품(?)을 바라보는 내 마음이 아려온다.
처음으로 스페인 하늘이 선명치 않은 날이다.
#산티아고순례길 #caminodesantiago #Burgos #León

스페인 출발 전부터 딸하고 나는 마음에 풀지 못한 문제를 서로의 등에 지고 왔다. 너무 사랑한다고 하면서도 서로 이해하지 못하는 게 얼마나 모순되고 아픈 일인지. 겉으로는 아무 일 없는 듯 같은 길을 걸었지만, 마음 한 구석에 여전히 해결하지 못하는 문제를 가지고 있었다. 부르고스 성당을 돌아보며 딸은 많이 힘들어했고 그 모습을 보고 있는 나도 참으로 아팠다. 이 여행을 끝까지 할 수 있을지. 과연 이게 서로 배려하는 게 맞는 건지 참으로 혼란스러웠다. 쉽사리 감정을 드러내지 않는 딸아이지만 이때만큼은 많이 아팠던 것 같다. 사람의 손으로 만들었다고 믿기지 않을 만큼 아름다운 성당이지만 보이는 곳곳이 아픔으로 다가왔고 가슴이 저렸다. 순례길을 걷기 시작하고 처음으로 내가 이 길을 왜 걸어야 하는지에 대해 심각하게 고민한 하루였다.

 **참고하시면 좋아요**

Catedral de Burgos
순례자 여권을 보여주면 할인된 가격으로 입장할 수 있다. 무료 앱으로 설명도 들을 수 있으니 영어가 가능하다면 도전해 보면 훨씬 유익한 관람을 즐길 수 있다. 근처에 머물게 된다면 달빛이 비친 모습이 또 다르니 늦게까지 저녁을 즐기는 현지인들과 함께 광장에서 와인 한 잔에 시간을 보내는 것도 색다른 경험이 될 것이다.

#9

시작부턴 내가 영 부실하더니...
2~3일 전부턴 딸내미가 좀 힘들어한다 싶더니 오늘은 완전 방전이다.
이참에 약국에 들러 약도 사고 빨래도 돌리고... 간단히 시장도 본다.
영 힘을 못 쓰는 게 어디 동냥이라도 해서 뭐라도 해먹이겠단 애미 말에 한 번 웃어준다.
다행히 오늘 묵을 숙소는 역대급(?)으로 아름답다.
이 길을 걸으며 생각한다. 늘 하나가 부족하다 싶으면 하나는 완벽하다. 참으로 감사하다.
#산티아고순례길 #caminodesantiago #Astorga #Rabanal #Posadadegaspar

드디어 탈이 났다. 시작할 땐 내가 부실해서 일정이 밀리고 예정대로 걷지 못했는데 며칠 아픈 엄마 옆에 붙어있더니 이번엔 딸내미가 제대로 탈이 났다. 먹지도 못하고 아예 누워 버린다. 겨우 한입 삼키고 오전 내내 쉬었다. 어차피 못 걷게 된 거 이참에 쉬어가자 싶어 밀린 일도 하며 휴식을 취했다. 이쯤 되면 걸어서 다음 숙소로 가는 건 무리였다. 처음으로 동네에서 택시를 불렀다. 요금을 많이 부르면 어쩌나, 제대로 데려다줄까, 이런저런 걱정과는 달리 제시간에 맞게 도착한 택시는 매우 친절했고 요금도 거리에 비해 저렴한 것 같았다. 구불구불 시골길을 처음 달라던 요금 그대로 더 부르지도 않고 무사히 데려다준 게 고마워서 팁까지 드렸다. 감사하게도 아픈 딸도 오는 동안 많이 편안해졌다.

순례길에서 숙소를 예약할 때마다 도착하기 전까지는 상태를 알 수 없기에 늘 걱정하게 된다. 이번에는 딸의 컨디션이 안 좋아 더더욱 걱정이었다. 그러나 좁은 시골길 위에 있는 숙소는 역대급으로 아름다웠다. 물론 5성급 호텔처럼 호화롭지는 않지만, 산속에 있는 만큼 아름다운 풍경과 역사가 느껴지는 소품들, 그리고 무엇보다 레스토랑에서 제공하는 식사가 훌륭했다. 지친 우리의 몸과 마음을 회복하기에 충분했다. 식사 후 산책길에서 만난 세 번째 한국 분들 또한 깊은 인상을 남겼다. 부부가 함께 오셨는데 서로 위하고 배려하시는 모습이 너무도 아름다운 분들이셨다. 이날 이후 또 다른 길 위에서 다시 만났는데, 늘 건강하시고 행복하시길 마음 깊은 곳에서 축복하고 기도했다.

 **참고하시면 좋아요**

Hotel La Posada de Gaspar
동네 집을 모두 셀 수 있을만큼 작은 마을들의 연속에 부킹닷컴 평만 믿고 예약한 곳인데 과분할 만큼 잘 쉰 곳이다. 방에서는 탁 트인 산과 하늘이 보이고 순례자 메뉴는 3인분은 되는 듯한 양에 맛도 일품이었다. 대도시가 아닌 지역에서는 영어가 익숙하지 않은 현지인이 더 많았는데 이곳은 영어가 유창한 스탭이 지역 메뉴도 추천해 주고 체크아웃 절차도 친절하게 설명 해준다. 식사 후에는 동네 한 바퀴 돌다 보면 함께 걷는 이들과 인사도 나누고 아기자기한 마을의 매력에 빠지기 딱 좋다.

#10

오늘은 아예 새벽에 길을 나섰다.
헤드랜턴 불빛 하나에 의지해 산을 넘고
또 넘어 철의 십자가에 도착했다.
한국서부터 가져간 돌을 내려놓고 기도드린다. 내 죄의 무게만 한 돌을 가져와야 한다는 데...
턱없이 부족하지만 그분께서는 다 아실 테니...
오늘도 디디는 발걸음마다 축복의 기도를 드린다.
#산티아고순례길 #caminodesantiago #Rabanal #ElAcebo #철의십자가

잘 먹고 잘 잤다. 우리 둘 다 여행을 시작한 이래 최고의 컨디션으로 새벽 일찍 길을 나섰다. 한국에서 사서 온 헤드랜턴도 처음으로 사용해 보고 추운 새벽 날씨에 중무장하고 걷는다. 순례길을 걸으며 그 길에서 보는 일출은 정말 장관이었고 보는 내내 가슴이 뭉클했다. 얼마나 걸었을까? 몸에서 열이 날 때쯤 순례길을 걷는 모든 사람의 사진에 있었던 철의 십자가에 도착했다. 한국에서부터 가져온 조그만 돌을 살며시 내려놓고 기도한다. 내가 지은 죄에 비하면 턱없이 작은 돌멩이지만 그분께서는 이해하시리라. 이 길을 걸으면서도 또 이 길이 끝나고 다시 일상으로 돌아가서도 난 변하지 않고 같은 삶을 살아가겠지만 적어도 이 순간만큼은 온전히 나를 내려놓고 그분을 만난다. 한없이 부족한 나를 지금 이곳에 있게 하심이 얼마나 감사한지 모르겠다.

 ## 참고하시면 좋아요

약국 찾기
대부분의 약국은 일요일에 휴무다. 영업일이라도 시에스타 시간을 엄수하는 편이라, 내가 원하는 시간에 약을 구할 수 없을 수도 있다. 그나마 역 앞이나 조금 큰 동네에는 주말에도 영업하는 약국을 찾을 수 있다. 웬만한 증상의 감기약은 쉽게 구매 가능하고 가격도 어마어마한 수준은 아니다. 다만 파스 종류는 가격이 사악하니 가능한 한국에서 사용하던 제품을 챙겨가는 것을 추천한다.

#11

산 하나를 넘는데 이토록 다양한 길이 있을 줄...
우리네 인생이랑 똑같단 생각을 해본다.
혼자서 겨우 갈 수 있는 길...
둘이서 나란히 걸을 수 있는 길...
비록 험하지만 옆으로 비껴갈 수 있는 길...
그마저도 안돼 오롯이 넘어야만 하는 길...
이제 다 넘었나 싶어 마음 놓으면 바로 다시
나타나는 자갈길...
인생도 이 길처럼 끝날 때까지 끝난 게
아닌 게다.
#산티아고순례길 #caminodesantiago #Acebo
#Ponferrada

처음 순례길을 걸으려 했을 때는 이 길이 어떤 길인지 전혀 상상도 못 했던 것 같다. 막연히 아름다운 길이겠거니, 그러니 그토록 많은 사람이 걸으려 하지 않을까 했다. 하지만 내 앞에 펼쳐진 길은 참으로 다양했다. 예쁜 숲길이 있는가 하면 모두가 말하는 힘든 광야의 길도 있다. 숨이 탁 막힐 정도의 언덕도 있고 그늘 한 줌 없는 땡볕 길도 있다. 가끔은 포도밭이 펼쳐지기도 하고 조용하게 흐르는 도랑길도 있다. 잔잔한 오솔길이 있는가 하면 내 몸이 보이지 않을 정도의 큰 갈대밭을 지나기도 한다. 혹여나 넘어지지 않을까 싶은 돌밭도 있고 잔잔한 자갈길도 있다.

어떤 길을 걷든 늘 머릿속은 한 생각이다. 이제껏 내가 지나온 수많은 길들. 이제 얼마 남지 않은 내가 걸어야 할 길들. 이제껏 어찌 걸어왔든 이제부터 걷는 길들은 달랐으면 하는 마음. 오직 그 생각으로 남은 길들을 걷는다.

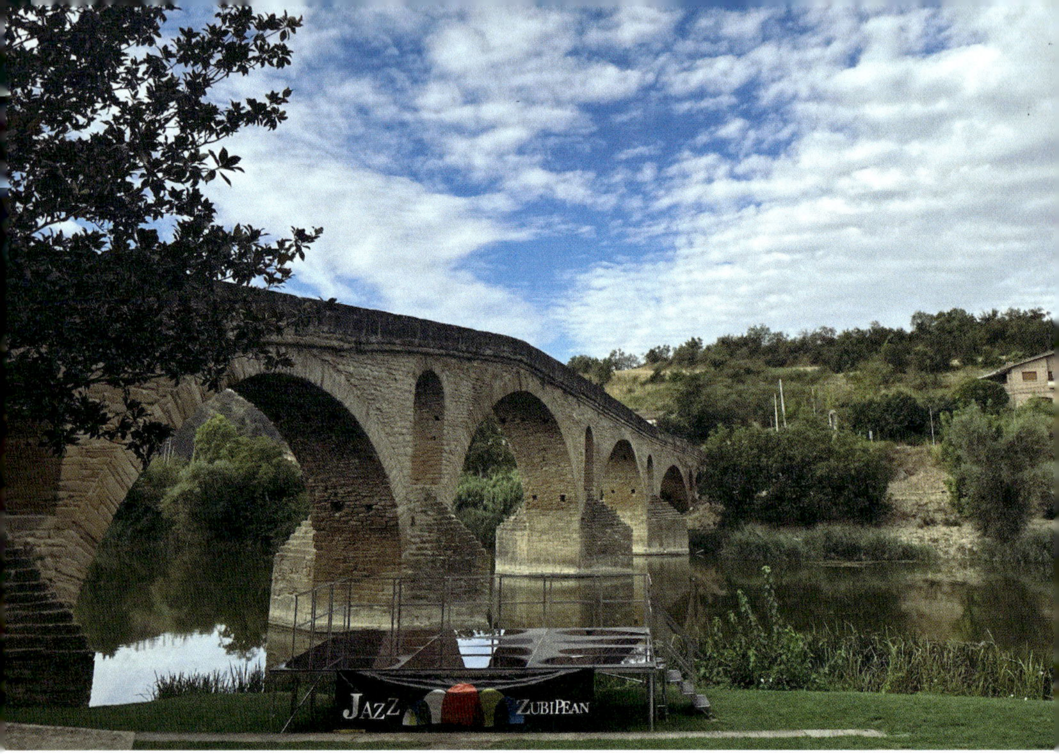
JAZZ
ZUBIPEAN

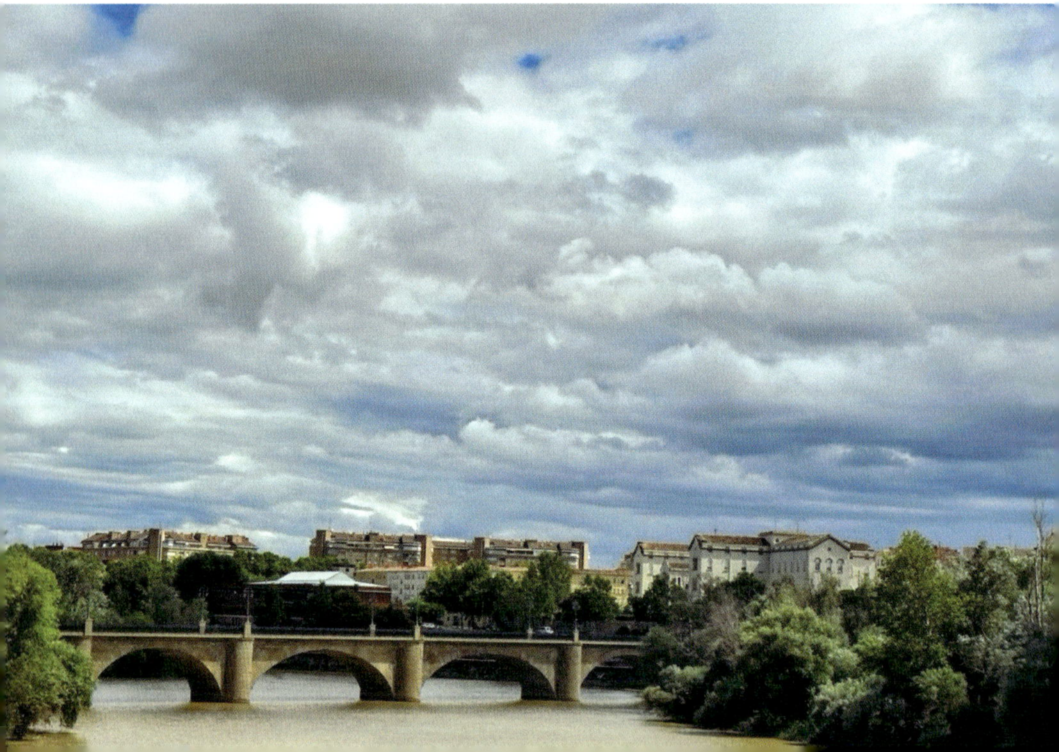

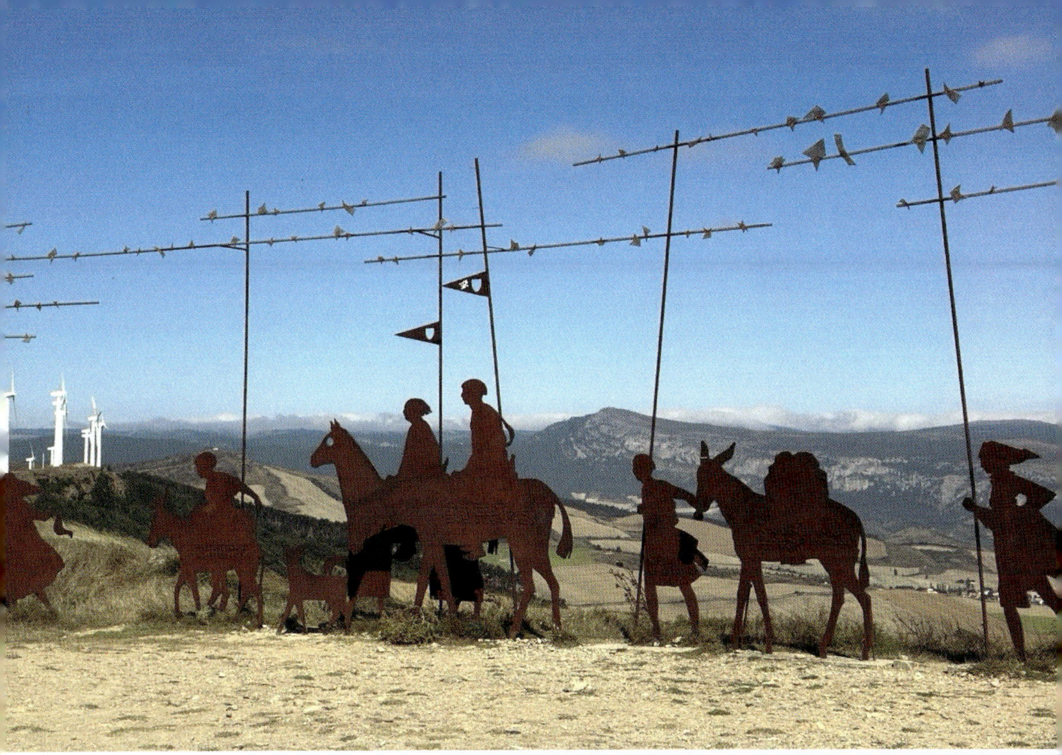
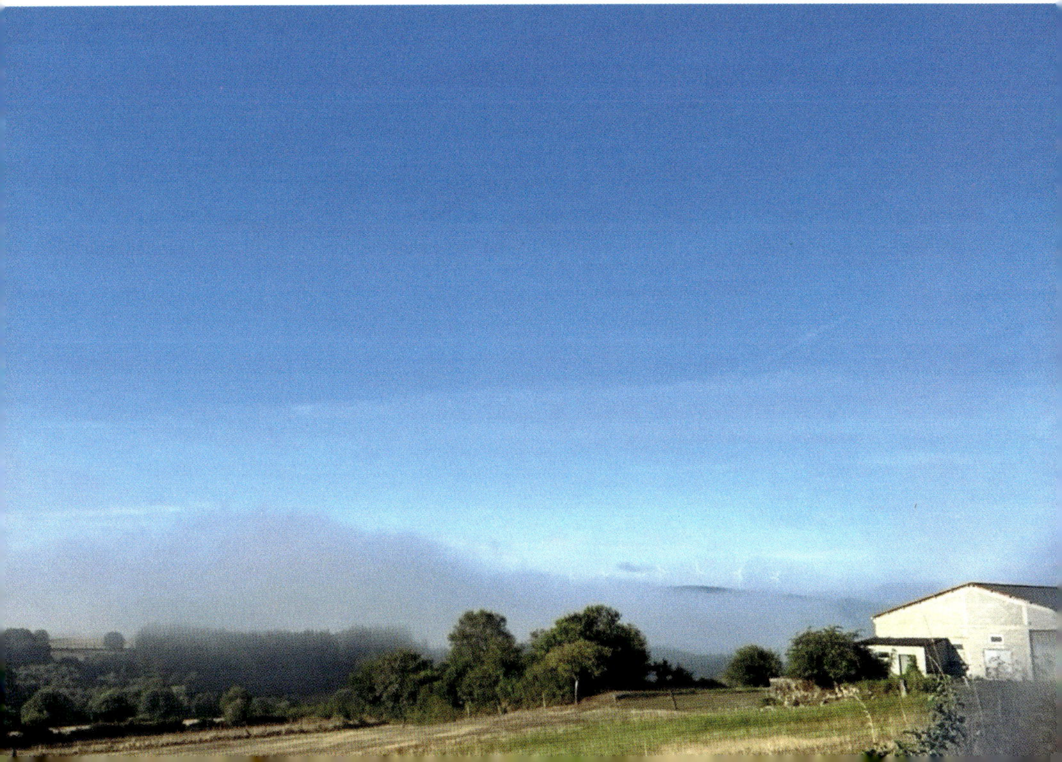

#12

오늘은 예능 스페인하숙에 나왔던 산니콜라스 호텔에 묵기로 하고 흙먼지 속을 걸었다.
중간에 너무 한눈을 팔아(끝도 없는 포도밭 뷰에) 땡볕에서 몇 시간을 걸었는지...
TV에서 본 것보다 훨씬 멋진 내부에 놀라고...
마치 비밀의 방에 들어가듯 복도 끝 두 개의 문을 지나 들어온 방도 과거로의 시간여행을 하듯 멋지다. 싸우듯 대화하는 스페인 사람들의 목청이 점점 높아지는 저녁이다.
#산티아고순례길 #caminodesantiago #스페인하숙 #산니콜라스호텔 #Ponferrada #villafranca

늘 예상 못 한 숙소에 머물렀는데 오늘은 예상이 가능한 숙소다. TV 예능으로 유명한 스페인하숙에 나왔던 산 니콜라스 호텔이다. 화면으로 보고 왠지 모를 기대감으로 호텔로 들어섰다. 여기저기 오래된 역사가 느껴지는 돌 건축물이 웅장하면서도 아름답다. 우리가 머물 방으로 올라가는 길에 크기도 가늠하기 어려운 커다랗고 무거운 문을 3개나 지난다. 수도원으로 쓰였다는 말을 들으니 당시 계셨던 분들의 생활상이 고스란히 느껴진다. 한국에선 문화재로나 접할 것 같은 열쇠로 문을 열고 들어서니 방이 더워도 너무 덥다. 거의 체온에 가까운 더위에 고장 난 선풍기 하나 없다. 몸 하나 겨우 들어갈 수 있는 욕실은 미지근한 물도 안 나온다. 어찌어찌 씻고 간단하게 손빨래까지 하고 나니 더는 폭염에 꼼짝을 할 수가 없다. 유별나게 더위를 많이 타는 나는 일 년에 6개월 이상 에어컨을 켜고 산다. 그런 내가 에어컨 하나 없는 산티아고 순례길을 걷다니. 더위가 극에 달한 오늘 나 자신을 살살 달래본다. 잘 참고 있다고. 잘 참을 수 있다고.

 ## 참고하시면 좋아요

San Nicolas el Real
이미 TV 예능으로 유명한 이곳은 온라인 예약이 가능하다. 알베르게와 호텔로 나뉘어 있는데 우리가 방문하기 직전 평점에 베드버그 이야기가 있어 걱정했으나 호텔 쪽은 문제가 없었다. 가장 편안한 숙소는 아니지만 수백 년 전 수도원의 숨결을 느껴볼 수 있는 곳이라 하루 정도는 추천할 만하다. TV 예능 속 배우들이 생활했던 공간을 둘러보는 재미는 덤!

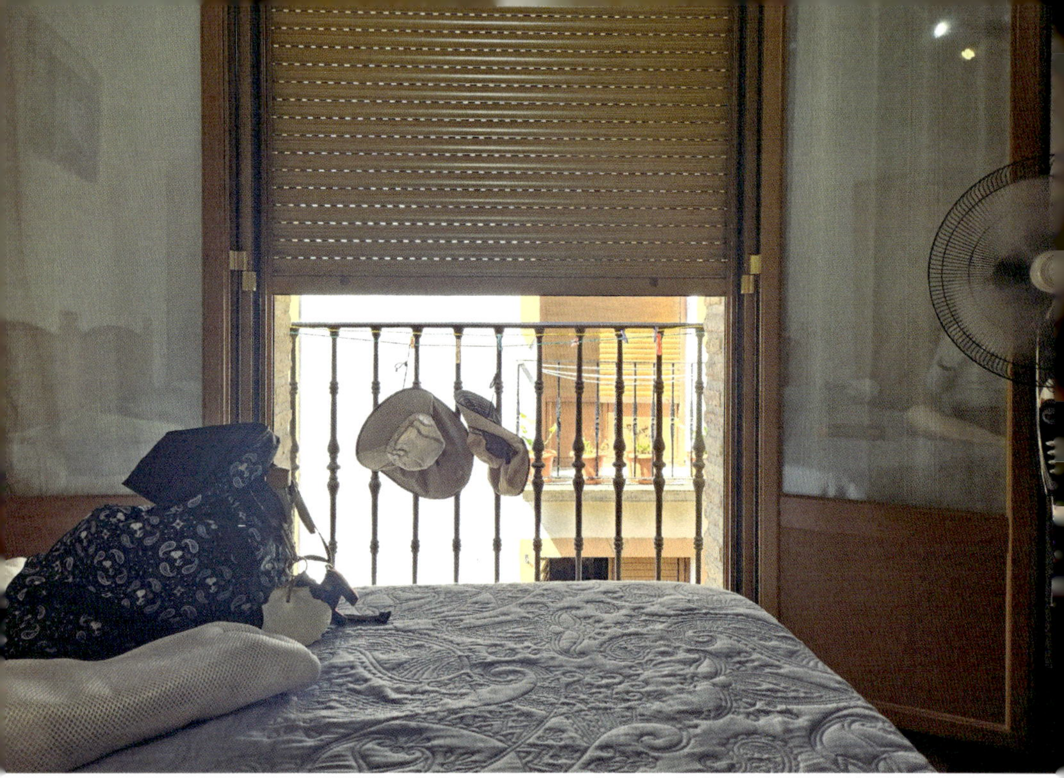

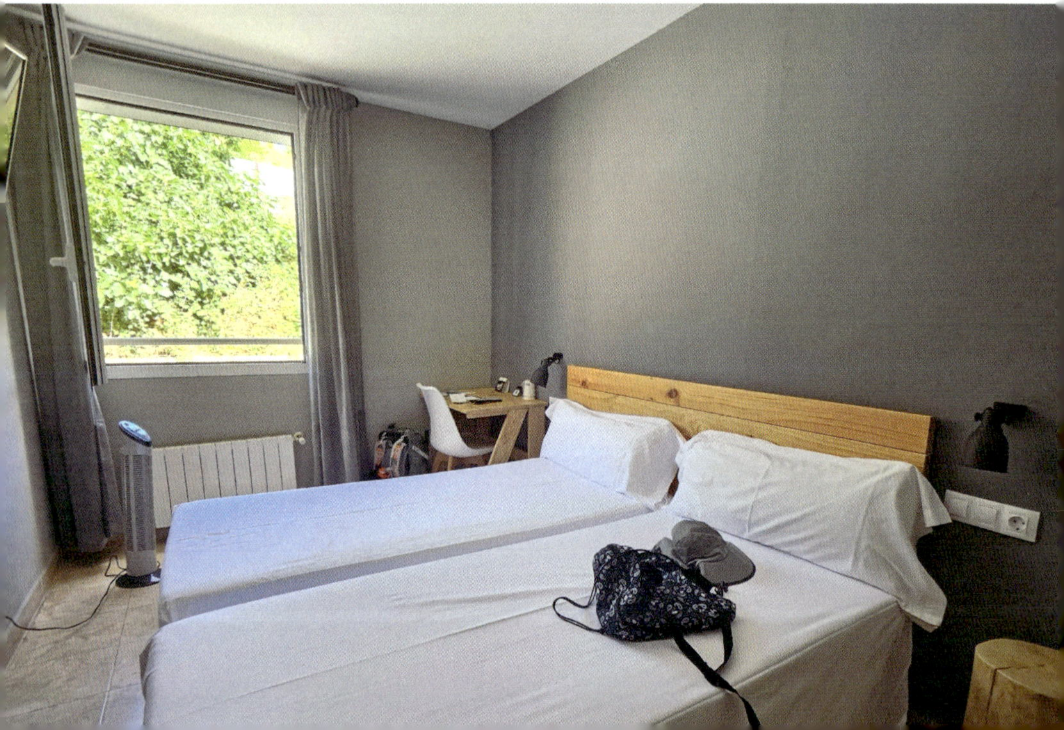

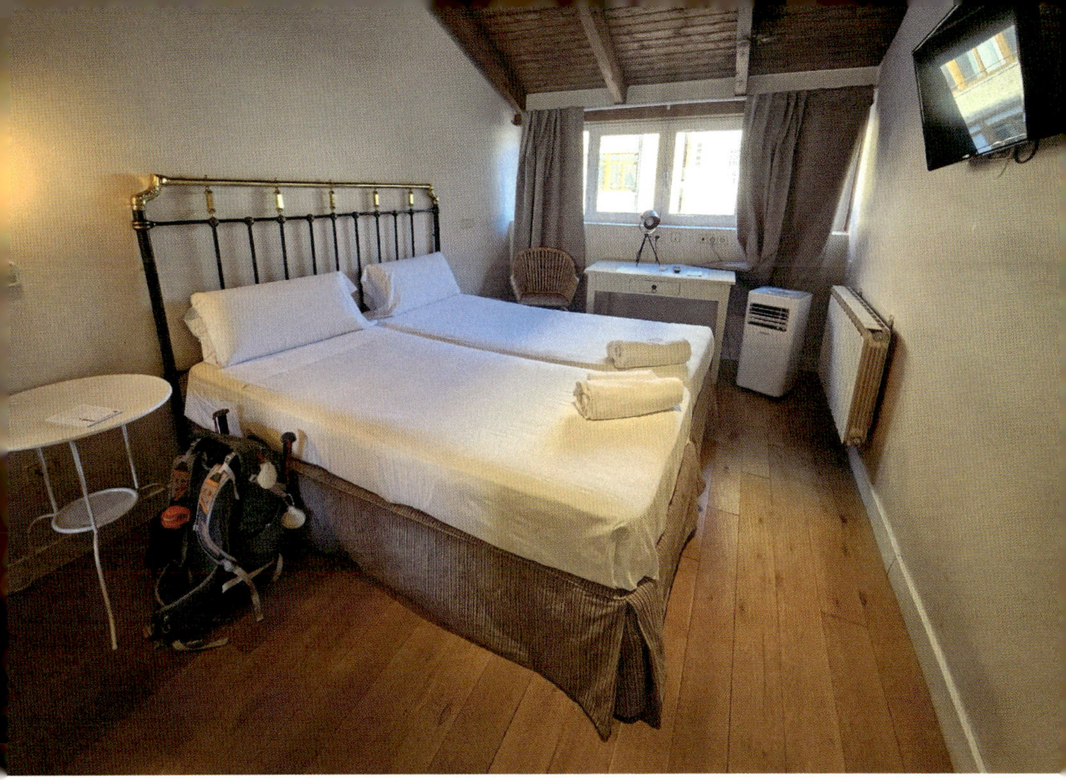

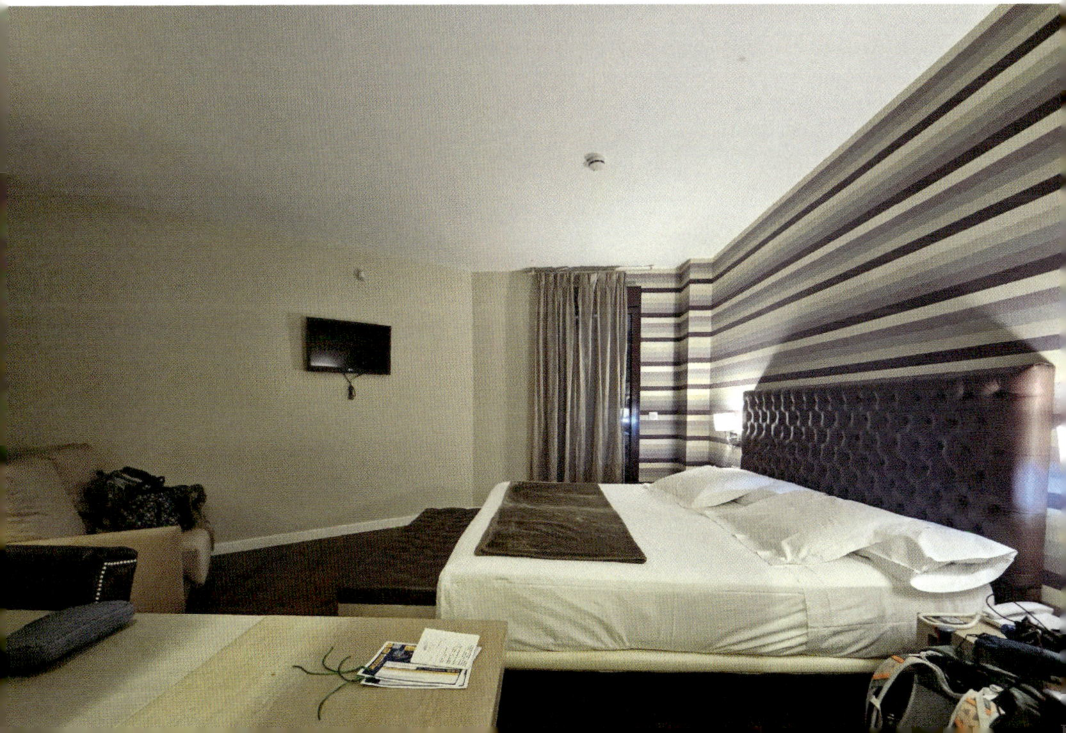

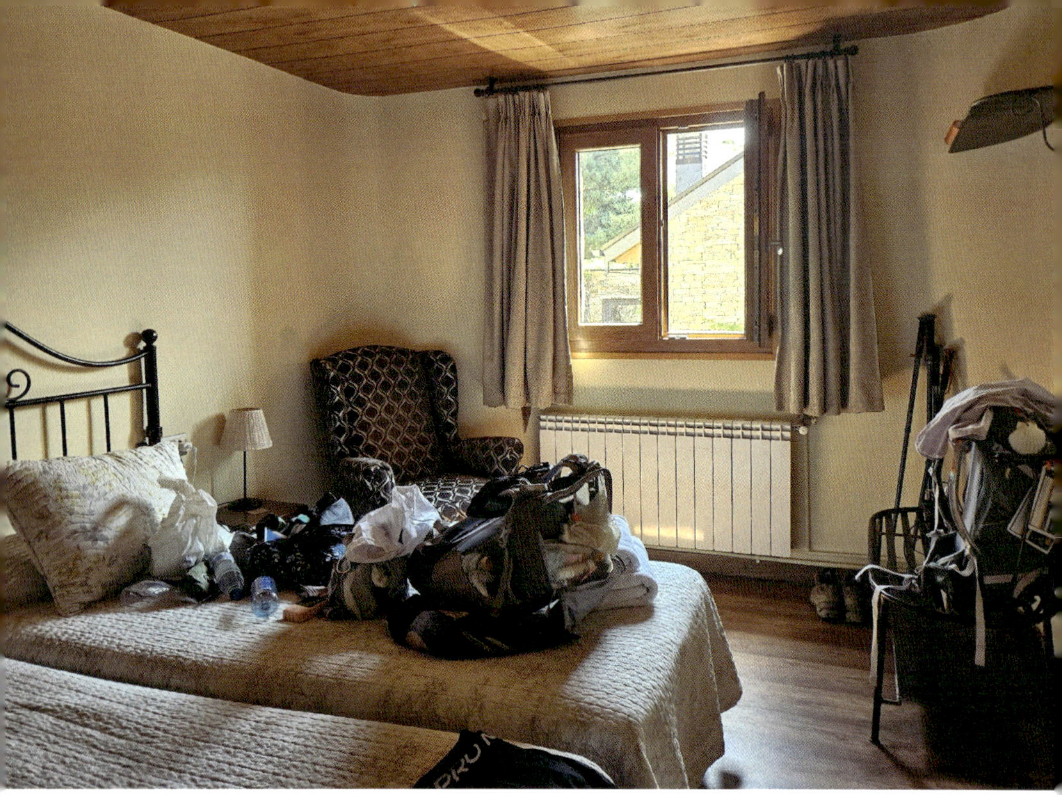

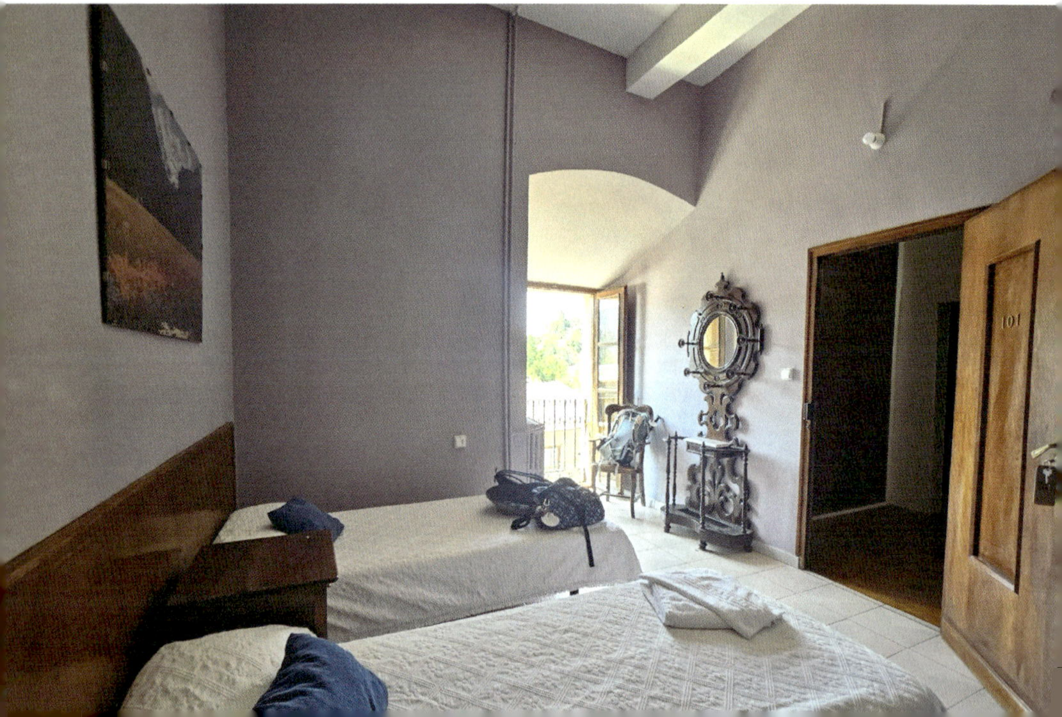
101

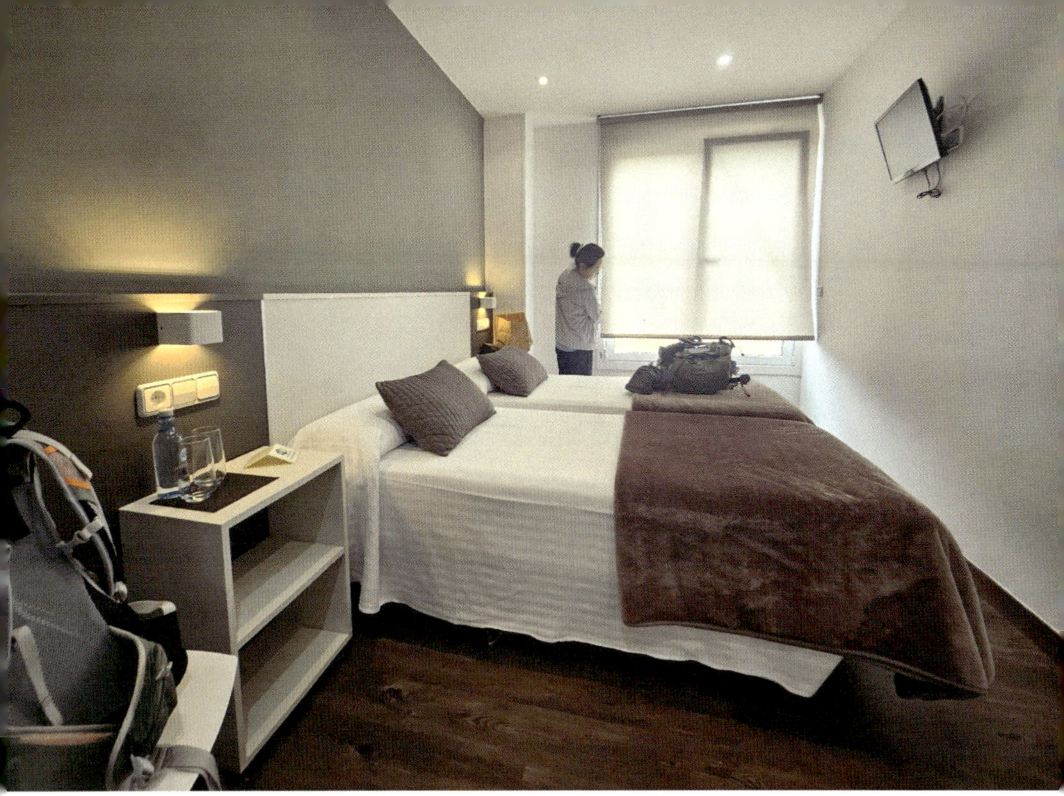

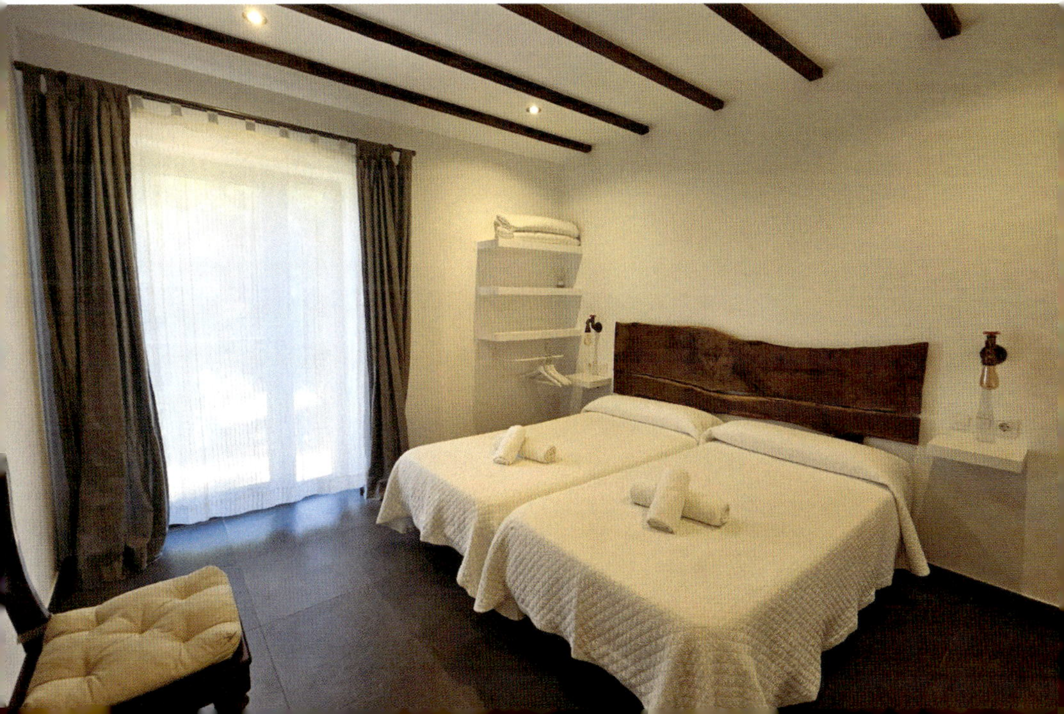

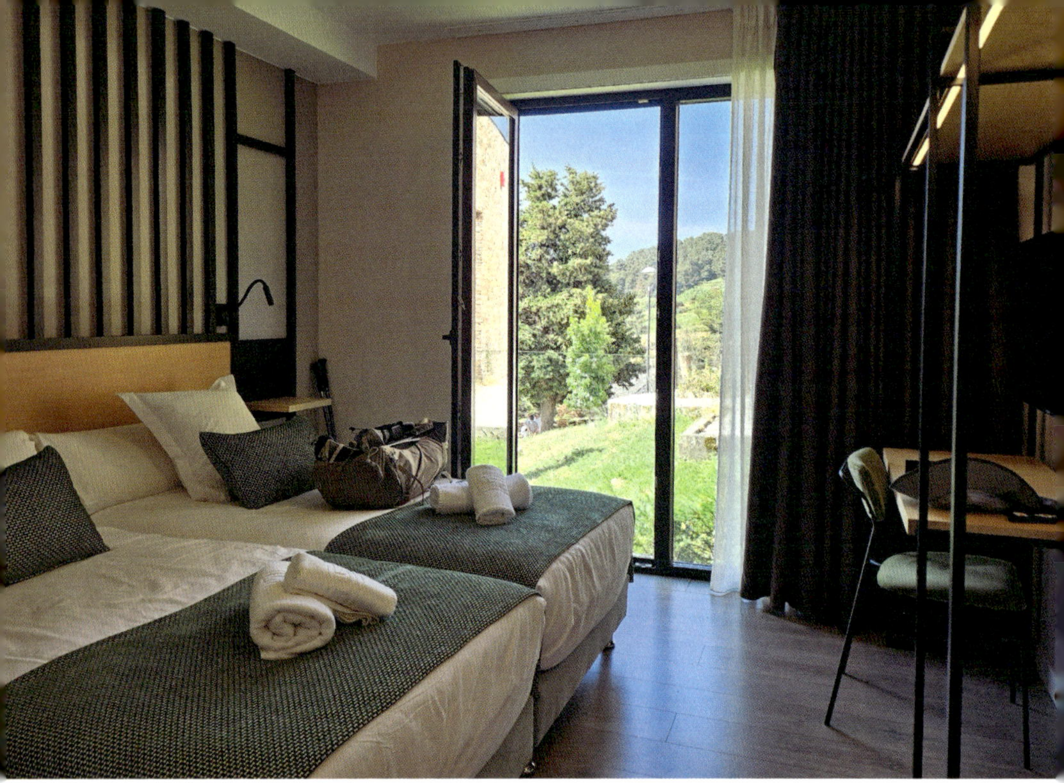

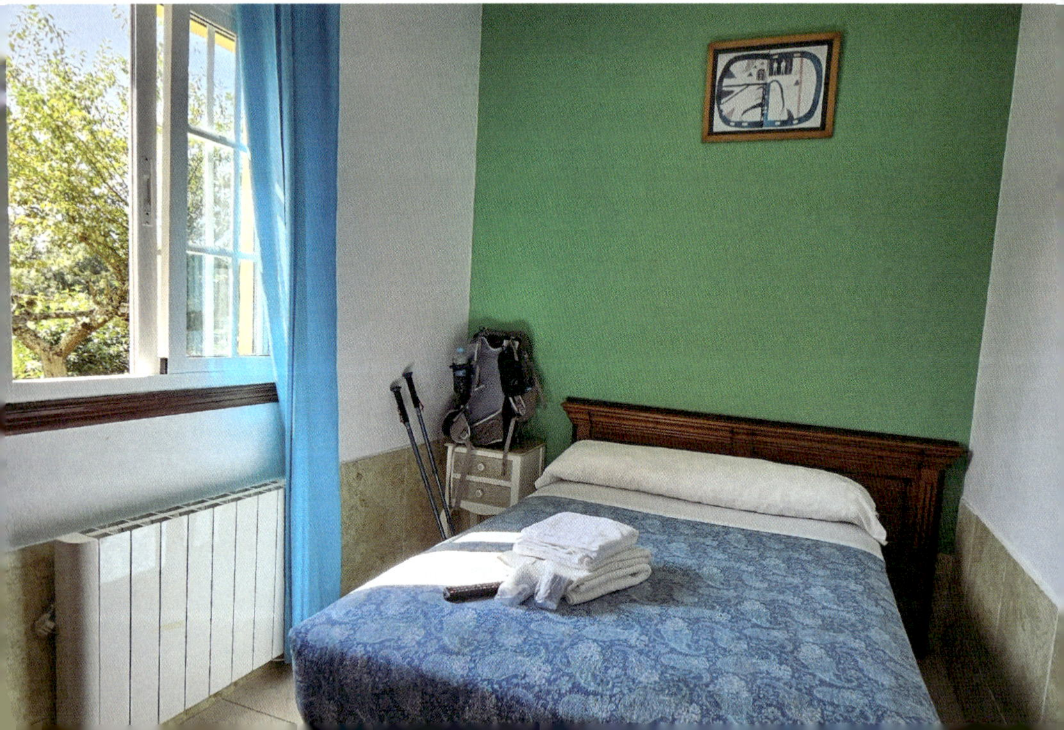

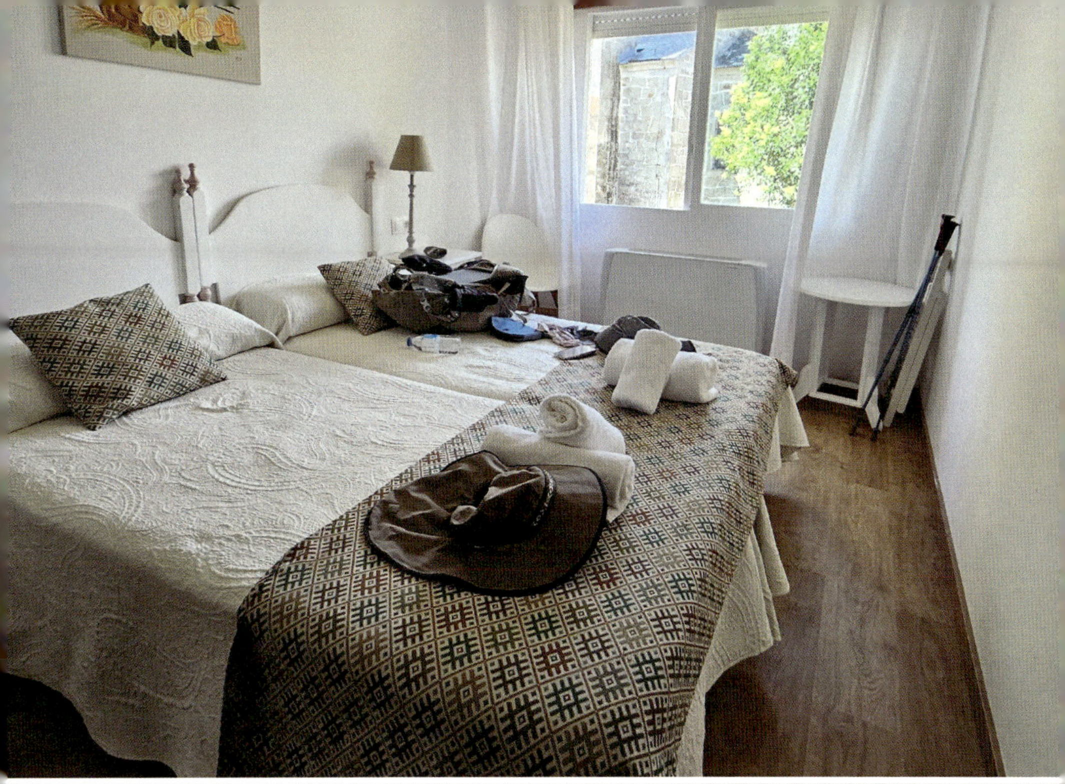

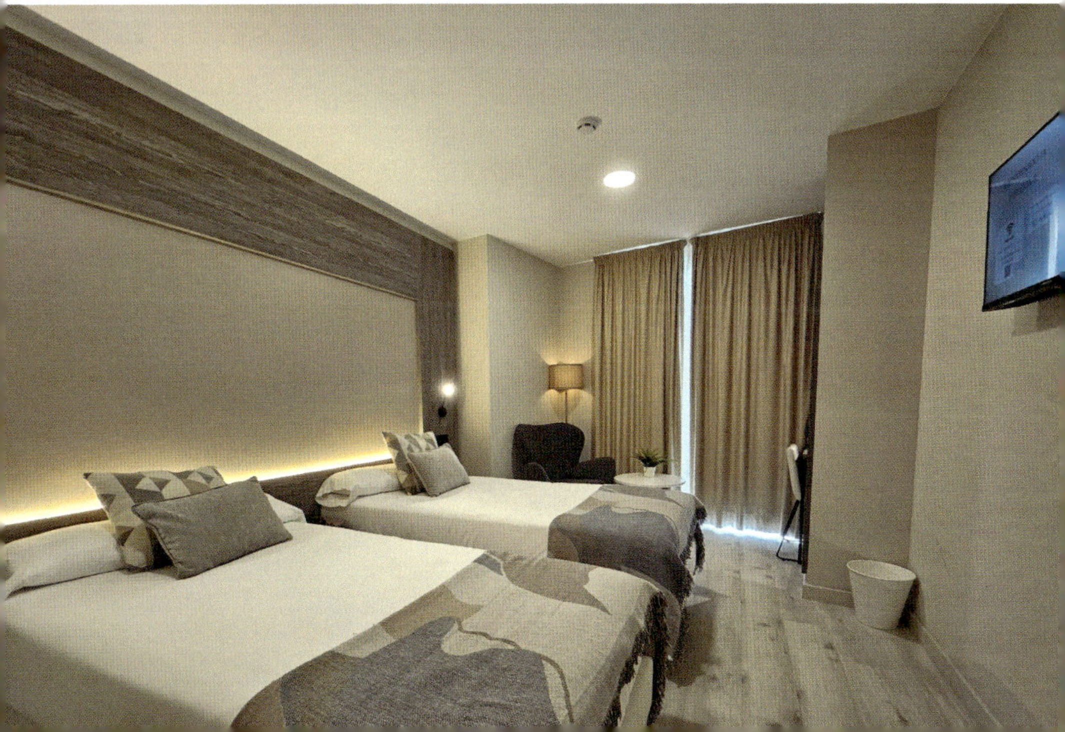

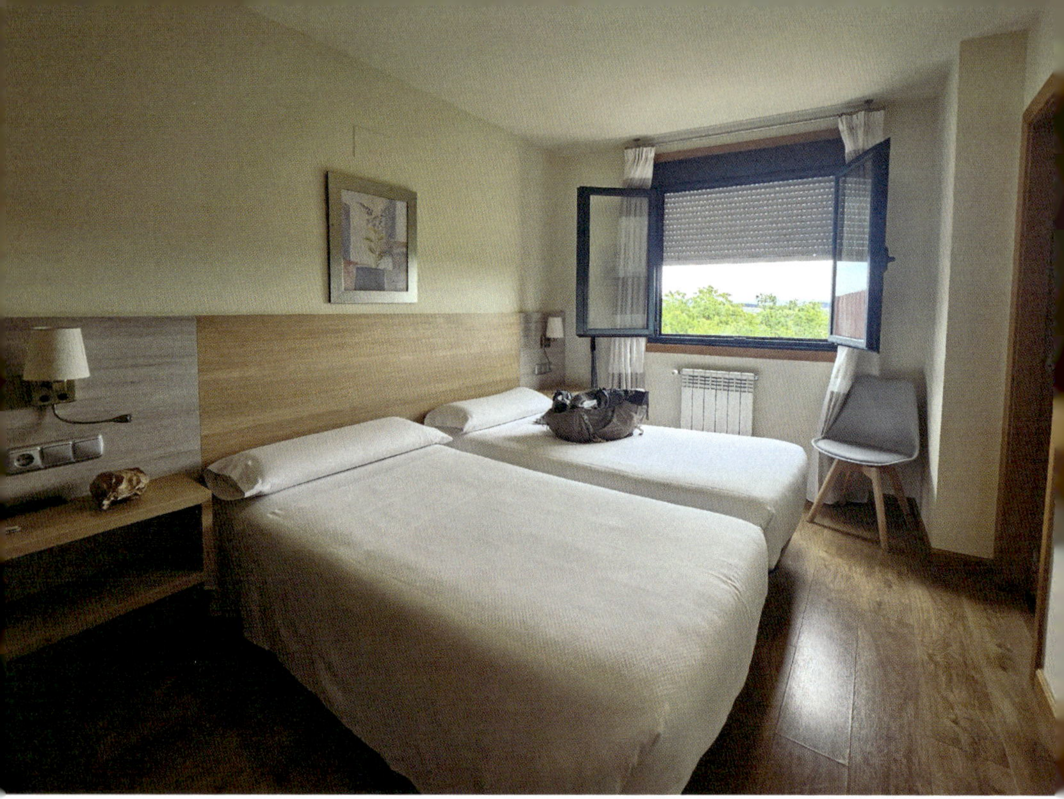

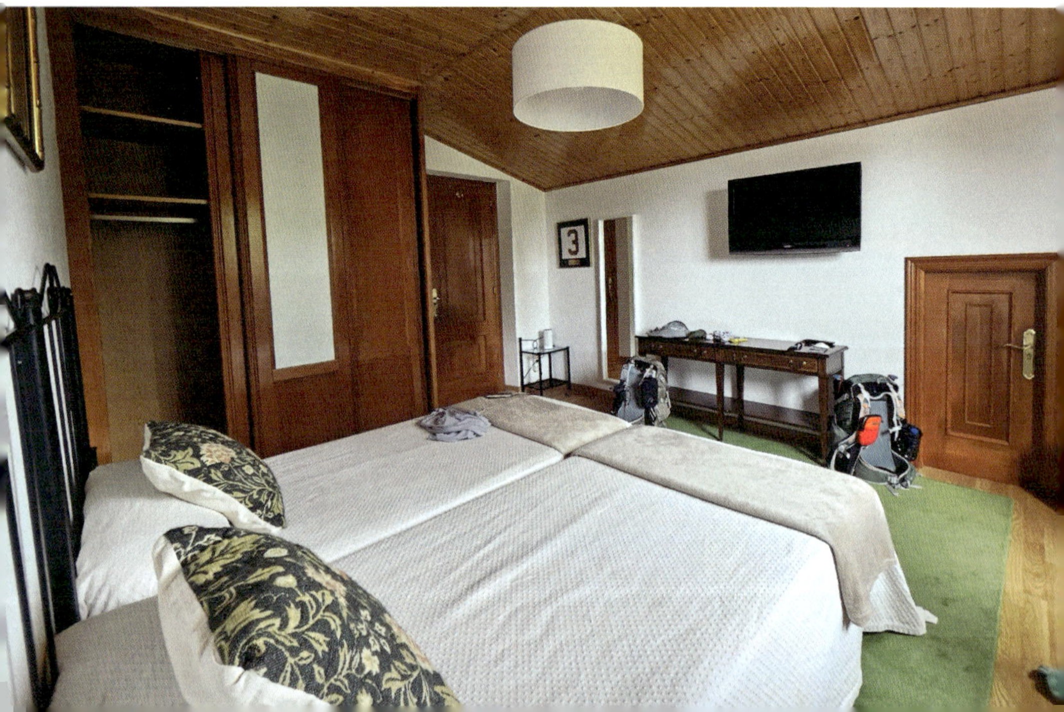

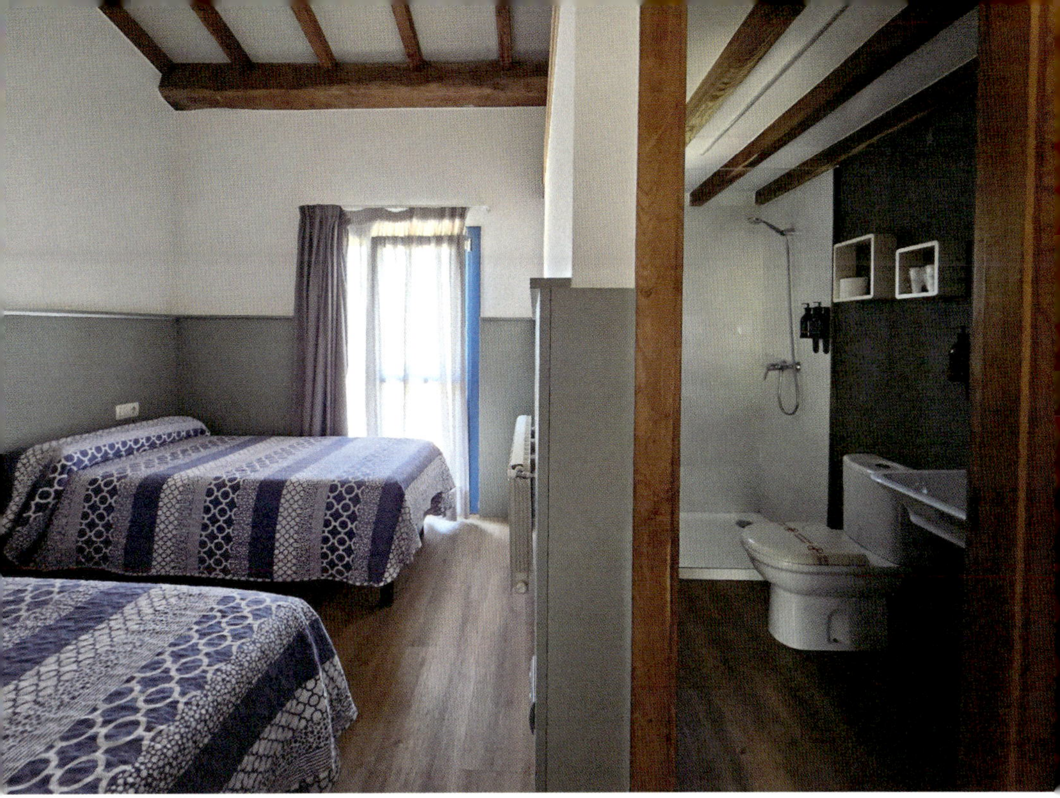

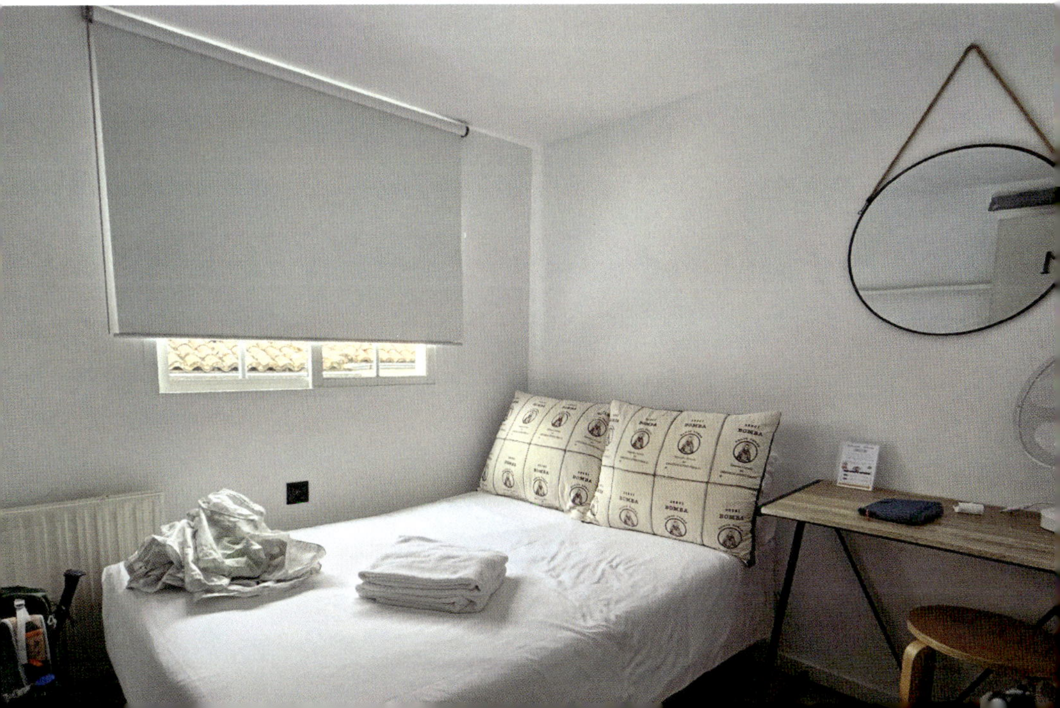
BOMBA

#13

밤새 고성방가(?)에 시달린 채 스페인하숙을 떠난다. 집 나올 때 그 무게 그대로의 배낭이 어깨를 짓누른다. Iglesia de Santiago 성당에 올라 Puerta del Perdón (용서의 문) 앞에서 조용히 그분께 용서를 구해본다. 생장에 이어 이번 여행 두 번째 내리는 빗속에 Sarria에 도착했다. 숙소에 도착하자마자 버려야 할 것들을 가려본다. 집착하지 말자.
버리지 못할 것이 없는데...
이고 지고 가려고 하는 내 모습이 아니다.
#산티아고순례길 #caminodesantiago #Sarria #CaldoGallego #된장빠진시래기국

다시 또 무거운 짐을 짊어지고 길을 나선다. 몸이 지쳐 올수록 배낭의 무게는 더욱더 지친 몸을 조여온다. 이번 순례길 두 번째 비가 내린다. 몸이 으슬으슬하니 뭐라도 따듯한 음식이 있으면 먹고 싶었다. 마침 숙소 근처 카페거리로 나가니 강 주변으로 많은 카페가 눈에 띈다. 그중 사람이 제일 많은 곳으로 직진해 먼저 이곳을 걸어 지나간 분들이 추천한 감잣국(?)을 시켜본다. 흔히 된장 빠진 감자탕이라고 불렀다. 하지만 그보다는 더 맛이 있다. 아니 추위 탓에 없던 맛이 생겼을 수도 있다. 그러면 어떠하리. 그렇게 또 추억의 음식이 생겼고 따뜻한 위로를 받는다.

이곳 사리아에서 우리는 또 다른 고민을 시작했다. 뭔가를 버려야만 이 길을 끝까지 갈 수 있을 텐데 아직도 우리는 모든 것이 다 있어야만 할 것 같다. 어느 것 하나 선뜻 버리기가 쉽지 않다. 가방을 다 엎어놓고 하나씩 있어야 하는 이유와 없어도 되는 이유를 들어가며 조금은 가벼운 배낭을 만들 수 있었다. 긴 인생길에서도 마찬가지일 테다. 나는 지금 없어도 되는 무언가를 이고 지고 걷고 있는 건 아닌지. 버려야 할 무언가를 손에 꼭 움켜쥐고 버거워하는 건 아닌지. 생각이 깊어지는 밤이다.

 ## 참고하시면 좋아요

Meson Roberto
이 동네의 식당은 작은 강을 따라 쭈루룩 모여있다. 손님의 수는 비슷해서 어디로 가도 크게 다를 것 같지는 않았다. 스페인에서 가장 적응하기 힘들었던 것 중 하나는 식사 시간이다. 대체로 점심은 1시, 저녁은 8시는 넘어야 식사 주문을 받는데 영업하더라도 그 전에 도착한다면 음료 또는 간단한 안주 주문만 받는 곳이 많다. 이곳도 마찬가지로 아직 식사는 안 된다고 해서 음료를 먼저 주문했는데 서비스 안주로 직접 튀긴 감자칩을 한 사발 내어준다. 서론이 길어졌지만, 이곳은 Caldo Gallego, 갈리시안 수프 또는 '감잣국' 맛집이다. 우리에겐 식사 시간이지만 현지인들에게는 이른 시간이라 여유롭게 와인 한 잔, 맥주 한 잔을 놓고 책을 읽거나 대화하는 모습에 눈길이 간다.

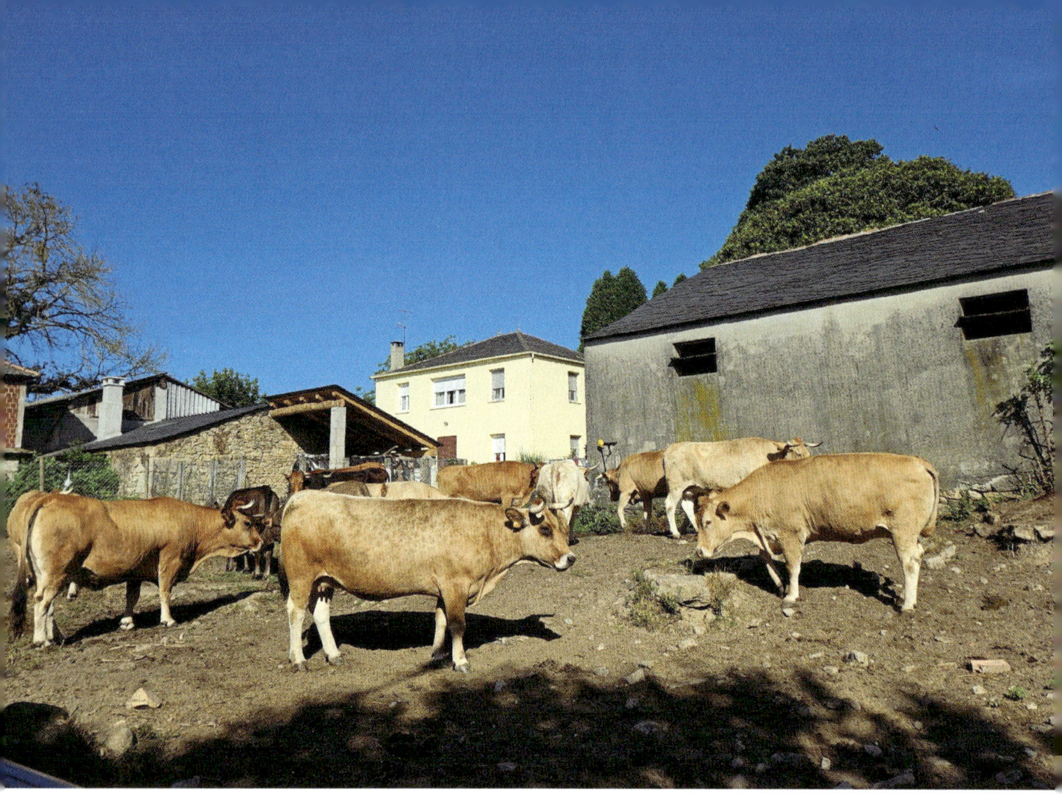

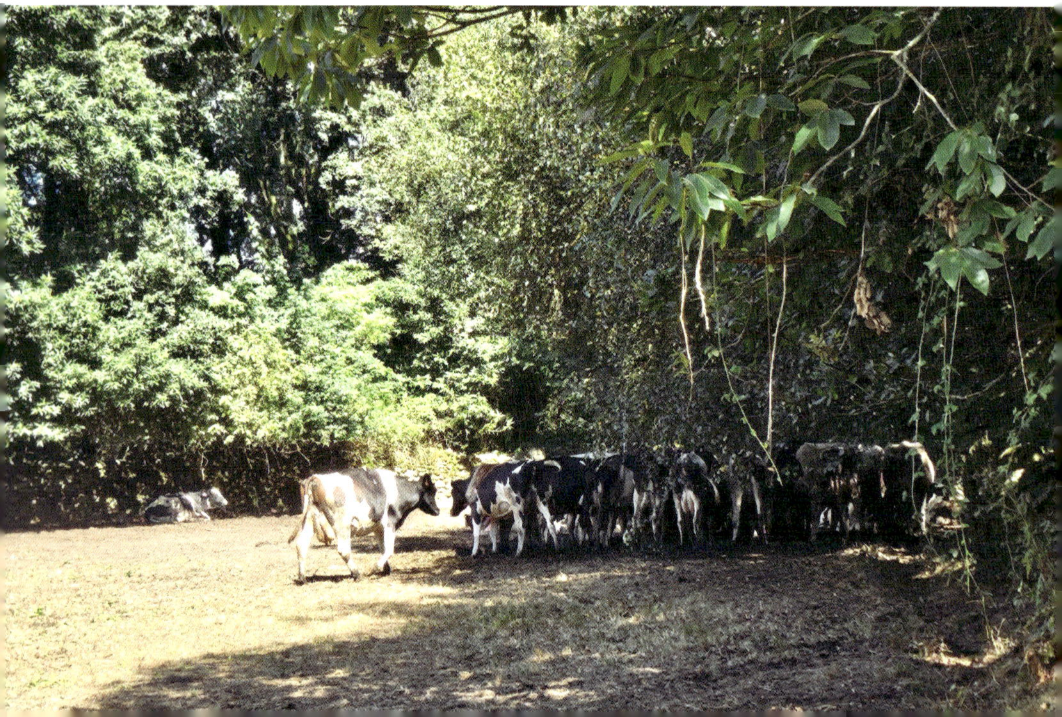

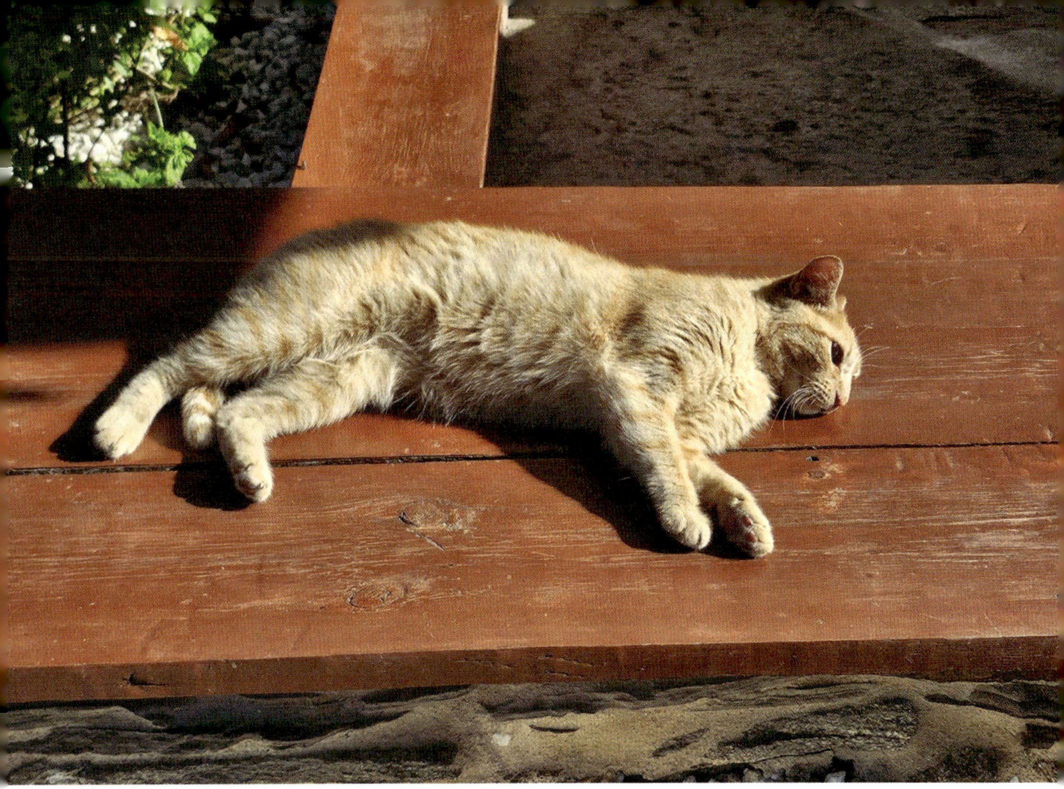
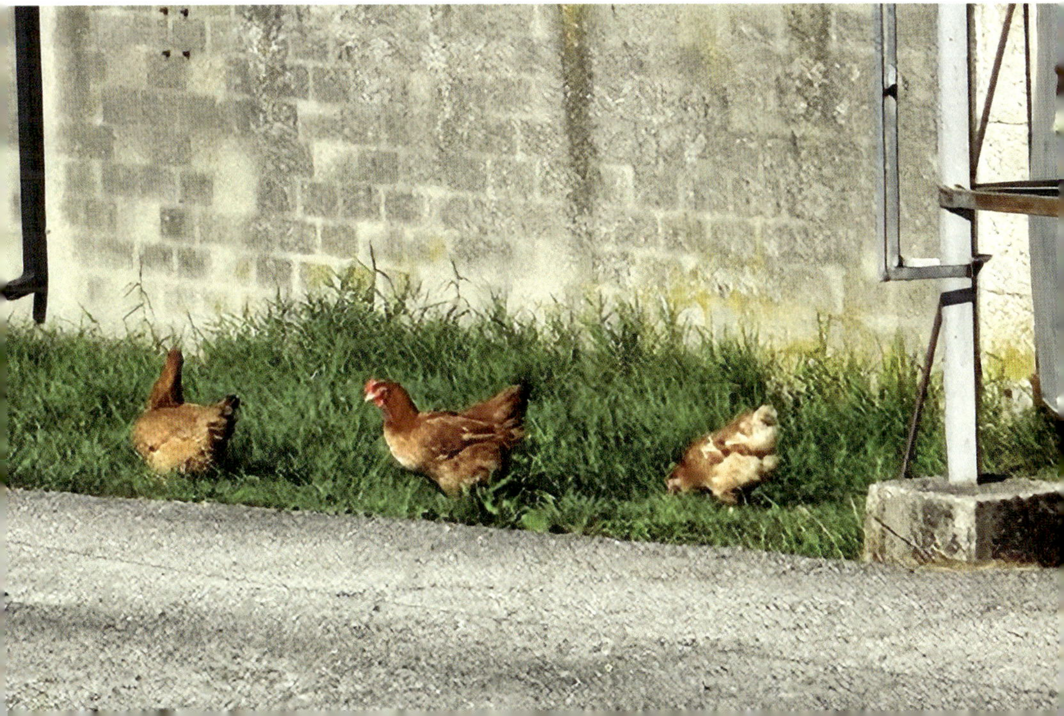

#14

이 길을 걸으며... 등에 진 짐보다 마음의 짐이 더 무거운 게 아닐까, 생각해 본다. 배낭에서 하나씩 필요 없는 물건을 꺼내 버리듯... 우리네 마음의 짐도 그리할 수 있음 참 좋으련만... 그래도 땀이 쏟아지고 어깨가 뻐근해질 때쯤 소리내어 웃을 일이 한 번은 꼭 생긴다. 감사하다.
그게 사람일 때도 있고...
오늘 같은 날은 동물이기도 하다.
#산티아고순례길 #caminodesantiago #Morgade #casamorgade

20대부터 시작된 편두통은 평생 나를 따라다니며 괴롭혔다. 지금은 새로운 약이 많이 나와서 그리 어렵지 않게 두통이 가라앉지만, 예전에는 정말 힘들었다. 한번 시작된 두통은 3일을 꼬박 지나야만 나았고 그사이에 구토까지 심해지면 일상생활이 불가능할 정도였다. 의사 선생님들이 권하는 모든 걸 시도해 보았지만, 별 차도가 없었다.

제주올레를 걸으면서 신기하게도 두통이 자주 오지 않는다는 걸 알게 되었다. 처음에는 우연이려니 했고 한번 두번 올레길을 걸으면서 두통이 오지 않자 난 더 열심히 올레길을 걷기 시작했다. 두통만이 아니었다. 목 디스크로 대학병원에서 시술까지 받을 정도로 통증이 심했는데 이 또한 걷는 동안은 통증이 느껴지지를 않는 거였다. 맑은 공기에서 바른 자세로 걷기만 해도 이런 건강한 몸을 가질 수 있다는 게 너무 신기했다. 하지만 다시 일상으로 돌아와 집에만 있으면 언제 그랬냐는 듯 다시 또 두통이 반복되었다. 산티아고로 떠나기 전 늘 다니던 병원에 편두통약을 받으러 갔다. 돈은 없어도, 두통약이 없으면 불안감이 심해 외출도 하지 못하기에 약은 늘 필수였다. 늘 친절하신 의사 선생님은 이번 여행에도 약은 필요 없을 것 같다 하시면서도 한 달 치를 주셨는데 정말 감사하게도 한 번도 편두통이 오지 않았고 건강하게 순례길을 마칠 수 있었다. 이 또한 내가 길 위에 있어야 하고 걸어야 하는 커다란 이유이다.

 **참고하시면 좋아요**

Casa Morgade
작은 동네에 예약할 수 있는 유일한 숙소라 큰 기대 없이 갔는데 웬걸, 고급 리조트라 해도 믿을만한 모던한 방, 눈 앞에 펼쳐지는 멋진 풍경, 퀄리티 높은 식사에 반해버린 곳이다. 이곳도 알베르게와 단독 방을 함께 운영하는데 서로 분리되어 있어 붐비지 않고 빨래 거치대 등 시설을 사용할 수 있다. 지역 특산 메뉴인 Pimientos de Padron 이라는 고추 요리를 꼭 먹어보고 싶었는데 여기서 적절하게 칠링된 갈리시안 Godello 와인과 함께 맛볼 수 있었다. Sello는 매점과 바 두 군데에서 찍을 수 있으니 매점이 닫아도 당황하지 말자.

Mercadoiro
멋진 풍경에 이끌려 들어갔는데 커피도, 오렌지 주스도, 케이크도 맛이 일품이다. 상주 고양이가 맞아주는 곳이다.

O Mirador
비교적 대도시인 포르토마린에서 특히 멋진 뷰와 품질 높은 음식을 맛볼 수 있는 곳이다. 예약 손님이 몰리기 전 일찍 가면 예약이 없어도 식사가 가능하다. 샐러드, 육류, 해산물 모두 추천할 만하다.

#15

삼시세끼 김치에 밥만 먹다가
이곳 순례길을 걸으며 내 의지와 상관없이
매일 딱딱한 빵에 고기... 조금의 야채...
어쩌다 생선이다. 한 달의 반이 지나니 그전에
내가 뭘 먹었는지 기억조차 없다~ㅋ
그래도 감사한 건 매일 한 알씩 사 먹는 납작
복숭아의 달콤함과 늘 직접 짜서 내려주는
오렌지 주스는 저세상 맛이다.
#산티아고순례길 #caminodesantiago
#Portomarin #hotelportomarinstar

순례길 가방을 쌀 때 고민했던 것 중 하나가 음식이었다. 무게를 많이 늘릴 수가 없으니, 라면스프만이라도 넣어야 하나? 고추장 튜브라도 하나 넣어야 할까? 하지만 우린 그 어떤 음식도 넣어가지 않았다. 어떻게든 되겠지하는 마음과 먼저 가신 분들이 올려주는 정보에 라면 정도는 구할 수 있다 하니 그때 가서 해결하자 했다. 하지만 아침 순례길 시작에 만나는 작은 식당마다 따뜻한 커피와 빵이 있었고, 동네 마트나 카페에는 대부분 오렌지 주스 기계가 있어 신선한 오렌지 주스를 마실 수 있었다. 특히 이번 여행에서 사랑에 빠진 납작 복숭아는 가는 곳 어디에나 있었다. 하루 세 끼 밥 아니면 안 된다고 생각했던 나는 완전히 스페인 음식에 매료되었고 다음 길에선 어떤 음식이 날 기다리고 있을지를 기대하며 순례길을 걸었다. 매번 식탁 위에 올랐던 올리브유 향을 맡는 것이 너무나도 특별했고 행복했다. 올리브유 종류가 많다는 것도 그 맛이 다 다르다는 것도 이번 순례길에서 알고 배우게 된 소소한 덤이었다.

 ## 참고하시면 좋아요

과일 꿀팁

스페인도 지역마다 나는 과일이 다르지만, 여름/가을에 프랑스 길을 걸으며 가장 흔하게 접하는 것이 오렌지 주스(Zumo)와 납작복숭아(Paraguayo)다. 아주 작은 동네라도 대부분의 카페에는 직접 착즙한 주스가 항상 준비되어 있으니 카페인을 즐기지 않는 순례자라면 주스를 추천한다. 일부 마트에는 착즙 기계와 빈 병이 마련되어 있어 직접 원하는 만큼 주스를 살 수도 있다. 한국 착즙 주스 가격에 비하면 매우 저렴하니 이참에 비타민 충전을 듬뿍해도 좋다.

복숭아는 큰 것(Sabrosona)과 작은 것(Granel)이 같이 있는 경우가 있는데 가격이 조금 더하더라도 큰 것이 단맛이 좋다. 잘 닦기만 하면 껍질째 먹어도 문제없으니, 저녁에 한 알 사두면 다음 날 길 위에서 간식으로 제격이다.

순례자 메뉴에 멜론이 있다면 이것도 꼭 먹어보자. 익숙하지 않은 모양이지만 그 맛은 일품이다. 간혹 잘라서 파는 마트도 있지만 칼도 필요하고 혼자 다 먹기 힘든 크기라, 기회가 될 때 경험해 보면 좋다.

음료 꿀팁

여름에 순례길을 걷는다면 각 지역의 Tinto de verano를 마셔볼 수 있다. 레드 와인과 레모네이드를 섞은 맛인데 상그리아와 비슷하다. Clara는 이것의 맥주 버전인데 이 또한 추천할 만하다. 프랑스길 초입이라면 바스크 지역에서 맛볼 수 있는 레드와인과 콜라 음료인 Kalimotxo도 추천한다.

#16

처음엔 우리 둘이었다. 가도 가도 끝이 없는
길에서 한 사람을 만나고...
둘을 만나고... 셋을 만났다.
친구이기도 하고... 부부이기도 했다.
다리 아픈 엄마를 대신해 어마어마한 짐을 지고
묵묵히 앞서가는 아들도 만났다. 한쪽 다리가
너무 부어 디디기도 힘들어 보이는 할머니는
참으로 평안한 얼굴로 한 걸음 한 걸음
정성을 다해 걸으신다. 일정의 반이 지나고
내 몸도 마음도 적응이 되니... 같이 걷는
순례자들의 아름다움이 보인다. 부디 이 길이
끝날 즈음에 나도 저들의 아름다움이
조금은...
아주 조금은 배어 있으면 하고 소망해 본다.
#산티아고순례길 #caminodesantiago
#HostaloLabrador

나 혼자가 아닌 딸아이와 함께 걷는 이 길이 참으로 행복했다. 혼자가 아닌 둘이라니. 얼마나 감사한지. 때론 나란히 걷고 또 때론 앞뒤로 걷는다. 소곤소곤 얘기하며 걷기도 하고 걷다 지치면 마치 묵언 수행하듯 걷는다. 처음 얼마간은 우리가 걷는 길 위에 같이 걷는 사람이 별로 없었다. 가끔 카페에서 순례자를 만나기라도 하면 가볍지만 반갑게 인사하는 정도였다.

그렇게 걷다가 순례길이 거듭될수록 눈에 띄는 사람들이 생겼다. 우리 남편 또래의 중년 남성 5명이 재미나게 걷는다. 친구이려나? 직장동료? 쓸데없는 추측도 해가며 바라보는데 서로 사진을 찍어주며 웃는 모습이 참으로 보기 좋다. 내 앞에서 줄곧 혼자 걸어가는 한 분도 눈에 들어온다. 이미 다리에 무리가 왔는지 조금은 불편하게 걷지만, 그 또한 행복한 피곤함이 느껴진다. 길 중간쯤 만난 모자도 인상적이다. 엄마는 내 나이쯤 되어 보이고 20~30대로 보이는 아들이 자기 몸만 한 배낭을 지고 앞서 걷는다. 엄마는 조그만 가방 하나만 가볍게 메고 지팡이를 짚고 힘겹게 아들 뒤를 따라간다. 가끔 아들이 뒤돌아서 엄마를 확인하고는 다시 제 길을 간다. 그들의 어떤 사정도 난 알 수가 없지만, 괜히 가슴 한

켠이 찌릿하다. 내 맘대로 예쁘게 보고 싶다. 이번 순례길에서 제일 많이 만난 건 프랑스에서 온 지젤이다. 70대 후반으로 보이는 지젤은 프랑스에서 왔다고 했다. 한쪽 다리가 퉁퉁 부어 보기에도 힘겨워 보였지만 그녀는 늘 한결같은 속도로 절도 있고 품위 있게 걸었다. 그녀의 뒷모습을 보며 걷는 날엔 나도 따라 경건해지는 기분이다. 하루하루가 감사하지 않은 날이 없는 순례길이다.

#17

앞만 보고 걷는 길이지만 우린 몇 번이나 길 위의 천사들을 만났다. 와인 한잔하러 들어간 와이너리에선 정 넘치는 아주머니 그리고 주인 할아버지 덕에 철철 넘치는 잔에 와인을 마셨고... 길목 언저리 어느 카페에선 낯선 동양 아이가 쓰는 스페인어를 무한 칭찬하시며 이쁘다 안아주시고 자신이 손수 만든 팔찌를 채워주시며 순례길을 듬뿍 축복해 주신다.
음식이 다 맛있었지만, 어제 묵은 알베르게에선 샐러드가 조금 안 맞아 남겼더니...
주인아주머니가 뭘 해주면 먹겠느냐며 메론을 잔뜩 깎아다 주신다. 눈물이 찔끔 날 정도로 감사하다. 흙먼지 가득한 이 길 위에 내가 서있는 이유일 게다.
#산티아고순례길 #caminodesantiago
#길위의천사들 #TabernaSeñorPepe
#BodegadelNiño #HostalOLabrador

아침 일찍 순례길에 나설 때마다 그저 다치지만 않고 무사히 완주할 수 있기를 기도하며 길을 나선다. 이른 아침 너무나도 예쁜 다리를 건너다 문득 커피가 마시고 싶어졌다. 아직 문도 열지 않은 카페를 두리번거리니 노인 한 분이 급하게 문을 열어주신다. 분명 오픈 시간도 아닌데 반갑게 커피를 내려주시고 목이 아픈 딸아이에게 진한 생강 향이 나는 차를 내어주신다. 유창하지 않은 스페인어로 대화하는 딸아이에게 무한 칭찬하시며 자신이 손수 만드신 팔찌를 채워주며 무사히 순례길을 마칠 수 있도록 축복까지 해주신다. 인생의 고단함이 묻어나는 노인의 손을 보니 감사함과 함께 목이 멘다.

무더위 속 길 한편으로 서늘함이 느껴져 들여다보니 와이너리란다. 인상 좋은 할아버지 두 분이 운영하시는 곳인데 와인 한 잔이 60센트란다. 잔이 철철 넘치도록 부어주시는 것도 모자라 토마토를 내어주시는데 이 맛이 또 환상이다. 소금과 올리브유만 뿌려 주시는데 어떻게 이런 맛이 나는 것인지. 잠시 후 들어오신 단골 할머니는 아예 우리를 붙잡아 놓고 와인에, 안주에, 계산도 본인이 하신다며 통 크게 한턱내신다. 딸아이야 괜찮은데 술 한 잔도 못 하는 나는 이미 취해서 제정신이 아니다.

겨우 빠져나온 골목길에서 난 춤을 추고 노래를 부른다.
감사해서. 행복해서. 스페인! 너무 좋은 거 아냐!

 **참고하시면 좋아요**

Viñas de Bierzo
순례길에 있는 와이너리이다. 1963년 설립이라는 적지 않은 역사를 보여주듯 박스로 와인을 사가는 현지인의 발걸음이 끊이지 않는다. 1.50유로면 와인 한 잔에 핀초를 즐길 수 있는데 화장실도 있으니 걷다 잠시 쉬어가기 편리하다.

Bodega del Niño
스페인하숙으로 소개된 동네에 다다르기 전 우연히 들어간 곳이다. 작고 컴컴한 공간에 안으로 몇 걸음 가면 바의 형태를 갖춘 업장이 나오는데 족히 30년은 되어 보이는 냉장고에 차곡차곡 쌓인 유리병에 담긴 와인과 봉투에서 하나씩 꺼내서 바로 잘라주시는 토마토가 이 집의 메뉴다. 바로 근처에 한국 라면을 파는 가게도 있으니 넉넉히 마셨다면 바로 밥, 라면, 김치로 속을 달래보자.

Taberna Señor Pepe
가장 아름다운 마을 중 하나인 몰리나세카의 다리를 건너자마자 보이는 가게다. 이른 시간에 문을 두드렸는데 오픈 전이라 하면서도 바로 주문도 받고 화장실도 알려주신 친절한 주인이 맞아주신다. 이제까지 걸은 한국 순례자들이 좋은 인상을 남겼는지 한국어로 인사를 건네며 선물로 배웅해 주신다. 마을 초입의 편리한 위치라 기억해 두면 편하게 이용할 수 있다.

#18

숙소에 체크인을 하고 마을을 산책하다 긴 줄을 발견했다. 저녁 먹은 거 소화도 시킬 겸 사람들 틈에 섞여 무슨 줄이냐 물었다. 한쪽 다리가 없는 분이 운영하는 가게인데 Paralympics 선수로 평상시엔 산티아고 기념품을 팔며 특별한 Sello를 찍어준다고 했다. 마침 낼 파리에서 열리는 Paralympics 출전으로 오늘까지만 Sello를 받을 수 있다니... Lucky ✌
받고 보니 더 이쁘다. 사람이 많아서 미처 올림픽 행운을 빌어주지 못한 게 아쉬워 인스타에 올려본다.
#산티아고순례길 #caminodesantiago #ionut_masqueuncamino #thankyou #goodluck

제주올레길에선 올레길 시작 지점, 중간 지점, 끝나는 지점, 이렇게 세 곳에서 스탬프를 찍을 수가 있다. 산티아고 순례길에선 '쎄요(Sello)'라고 하는 스탬프를 순례길 어디에서나 찍을 수가 있다. 내가 이용한 호텔, 레스토랑, 카페 등 내가 편한 곳에서 찍을 수가 있는 것이다. 스탬프 모양도 다양해서 각 집만의 특징을 잘 잡아낸 디자인이 참으로 멋스럽다.

동네 산책길에 우연히 들르게 된 La Huella도 그런 곳이었다. 패럴림픽 선수인 주인장이 운영하는 소품 가게였는데 마침 그날은 다음날 파리 패럴림픽 참가차 떠나기 전 마지막 영업일이라고 했다. 한쪽 다리가 없는 그는 의족을 한 채로 올림픽에 참가한다고 했다. 긴 줄 끝에 그를 만나 짧은 대화와 함께 스탬프를 받았다. 이제까지의 스탬프와 달리 너무 멋진 로고가 박힌 스탬프였다. 시원스럽게 웃는 모습이 참으로 기분이 좋다. 기다리는 사람이 너무 많아 정신없이 나오느라 내일 참가하는 올림픽에서 선전하라고 응원의 말이라도 할 걸 하는 딸의 아쉬움에 속으로나마 응원해 본다. 멋진 당신! 응원합니다! 정말로 우연이었지만 당신을 만난 것도 멋진 Sello를 찍게 된 것도 나에겐 다 행운이었다고.

 ## 참고하시면 좋아요

A Nosa Terra Pulperia
문어 요리인 뽈뽀 맛집이라 하여 들어갔는데 달걀 채소볶음 (Revuelto de Verduras)과 한치 (Chiprones a la Plancha)에 푹 빠져버렸다. 오픈런하지 않으면 대기가 길어지니 일찍 갈 것을 추천한다. 사이드팁: 뽈뽀의 식감이 너무 무르게 느껴진다면 그릴(a la planacha)로 주문해 보면 훨씬 담백한 맛을 즐길 수 있다.

La Huella del Peregrino
순례자의 발자국이라는 뜻깊은 이름의 가게이다. 직접 프린팅을 하는 티셔츠, 후디 등을 전문으로 판매하지만, 다양한 기념품도 취급하고 있다. 어차피 살 기념품이라면 여기서 사면 특별한 Sello도 받고 멋진 마인드로 살아가는 주인장을 응원하는 일석삼조의 효과를 얻을 수 있다.

#19

딸하고 나는 참 많이도 여행을 함께 했다.
그 많은 여행 중 이렇게 한 달여를 한시도 떨어지지 않고 24시간 붙어있는 여행은 처음이 아닐까 싶다. 같은 길을 하루 종일 함께 걷고...
같이 잘 곳을 고민하고...
먹을 것을 정해야 하고...
길 위에서 잠시 쉬는 것조차 함께 결정해야 한다. 몸과 마음이 한없이 지친 가운데 이 모든 걸 함께 한다는 건 보통 어려운 일이 아니다.
누군가는 양보해야 하고 누군가는 참아야만 가능한 길이다. 처음 며칠은 우리도 힘들었다. 누구랄 것도 없이 조율이 필요했다. 하지만 나는 안다. 조용히 배려하고 기다려주는 건 딸이라는 것을...
고맙다... 미안하다... 이런 말로는 많이 부족하지만...
그래도 고맙다... 같이 걸어줘서...
#산티아고순례길 #caminodesantiago #casateodora #딸 #고맙다
#사랑하고축복한다

누군가와 여행을 함께 한다는 건 참으로 감사하면서도 어려운 일이다. 제주 올레길에선 처음 보는 많은 사람과 방을 같이 쓰고 밥을 같이 먹고 길을 같이 걸었다. 비록 여행이 끝나면 각자의 일상으로 돌아가 다시 못 보는 이도 있고 운 좋게도 다른 길 위에서 다시 만나기도 한다.

친구 또한 그렇다. 주변에 많은 친구가 있어도 여행을 함께하는 친구는 특별한 것 같다. 때론 의견차이나 소소한 불편함이 있어도 얼마 지나지 않아 다시 여행을 계획하는 거 보면 그렇다.

나에게 가장 좋은 여행 메이트는 역시 딸이다. 전 세계 많은 곳을 딸과 함께 다녔고 또 그만큼의 아름다운 추억이 우리에게 있다. 이번 여행을 계획할 때도 우린 완벽한 커플이 될 거로 생각하고 출발했지만, 순례길은 달랐다. 매일 먹을 걸 찾고 잠잘 곳을 찾는 것이 보통 일이 아니었다. 하다못해 작은 카페 하나 화장실을 찾는 것도 우린 함께 해야 했기 때문이다. 그나마 컨디션이 좋으면 별문제가 없는데, 서로의 컨디션이 나쁘면 정말 최악이다. 가끔 우리는 농담으로 커플이 지나가면 얼마나 사이가 좋으면 이 길을 함께 걸을까 하며 존경스러워 하기도 했다.

우리는 지난 수년간 그렇게 훈련했음에도 불구하고 처음 며칠은 서로에게 조율이 필요했다. 말은 하지 않았지만 서로 너무 잘 알기에 적당한 타협이 서로 간에 있었다. 물론 양쪽 모두에게 공정했으면 좋았겠지만 늘 그렇듯이 딸아이가 먼저 양보하고 배려를 해주었다는 걸 잘 알고 있다. 늙은 어미와 어려운 길을 같이 걷는 것도 모자라 어려운 상황에서도 먼저 앞서 걸어주는 딸에게 무한 감사다.

#20

순례길을 걸으며 많은 사람과 스치듯 지나며 인사를 한다. 모두들 앞만 보고 걷기에 그저 뒷모습만 보고. 대충 이러려니 하고 그 사람을 유추해보기도 한다. 프랑스에서 온 Giselle을 만난 건 목적지까지 100여 킬로 남긴 시점이었던 것 같다. 부척 부어오른 오른 다리를 힘겹지만, 또박또박 걷던 Giselle은 똑같은 속도로 천천히 걸으며 우리와 계속해서 같은 길을 걸었다. 작은 체구에서 풍기는 기품과 평온함이 진정한 순례자의 모습으로 내게 다가왔다. 아마도 내가 70살이 넘고 80살이 넘었을 때 저런 모습이라면 참으로 감사하지 않을까 하는... 이제 다시 일상으로 돌아가면 이 모든 아름다웠던 기억이 사라지겠지만 9일간 길 위에서 함께한 Giselle의 모습은 오래오래 내 마음에 남을 것 같다. 드릴 게 없어 내 가방에 메었던 제주올레의 간세 인형을 드리며... 늘 건강하셔서 언젠가 제주올레의 아름다움도 함께 느껴보셨으면 하는 마음도 간절히 담아본다. 콤포스텔라에서 다시 만나 와인 한잔하자는 Giselle의 얼굴이 참으로 아름답다.
#산티아고순례길 #caminodesantiago #제주올레 #산티아고공동완주 #Jejuolle #Frisiademar #France #Giselle

늘 앞만 보고 걷는 순례길이 가끔은 지치고 힘이 든다. 그럴 때 오아시스처럼 나타나 주는 게 시골길 작은 카페다. 거창한 장식은 없어도 작은 글씨의 간판이 한없이 정겹고 아름답다. 정돈되지 않은 테이블 어딘가에 자리하고 앉아 늘 그렇듯이 금방 짜서 내오는 오렌지 주스와 따뜻한 커피 한 잔 그리고 빵 한 조각을 앞에 하면 세상 부러울 것이 없다. 배가 부르고 행복감이 밀려오면 땀에 젖은 신발을 잠시 벗어두고 하늘을 바라본다. 내 나라에서는 결코 볼 수 없는 파아란 아주 파아란 하늘이 펼쳐진다. 아무렇게나 잘라주는 빵 한 조각에 올리브유를 듬뿍 찍어 입안에 넣으면 여기가 천국이지 싶다.

언젠가 말했던 프랑스에서 온 지젤과 카페에서 다시 마주친다. 통성명하고 커피를 마시고 걷는 내내 내게 깊은 감명을 주었던 그녀에게 나도 뭔가 주고 싶었다. 그런데 막상 비울 대로 비운 가방 덕분에 가진 게 없다. 딸아이가 엄마 가방에 붙어있는 간세 인형이 좋을 것 같다 하며 슬며시 힌트를 준다. 얼른 인형을 떼어내 그녀 손에 쥐여주고 열심히 제주 자랑을 시작했다. 우린 환상의 제주올레 홍보대사 아닌가. 지젤은 그런 아름다운 섬이 있는 걸 몰랐다며 언젠가 꼭 방문하고 싶다 한다. 따듯하게 말해주는 그녀가 감사하다.

다시 길을 떠나며 그녀가 말한다. 꼼포스텔라에서 만나 와인 한잔하자고. 부엔까미노! 지젤의 건강과 완주를 위해 기도한다.

 **참고하시면 좋아요**

Castillo del Lobo
바삐 걸으면 놓칠 수 있는 가게지만 순례길 바로 위라 조금만 눈을 돌리면 어렵지 않게 찾을 수 있다. 동네에서 자란 남편이 만드는 은 장신구를 타국에서 온 아내가 판매하고 있는데 반짝이는 조가비 모양의 귀걸이, 목걸이 등의 하나뿐인 디자인의 쥬얼리를 만날 수 있다. 조금 특별한 순례길 기념품을 찾는다면 지역 상인도 돕고 세상에 단 하나뿐인 예쁜 디자인의 제품을 이곳에서 골라보는 것도 좋을 것 같다.

Burato
스페인 하면 빠질 수 없는 것, 바로 츄로스 아닐까. 작은 가게지만 주문과 동시에 튀겨주는 츄로스를 핫초코에 듬뿍 찍어 먹으면 급속 행복 충전이 가능하다. 주문할 때 원하는 츄로스의 수를 얘기해야 하는데 생각보다 작고 가벼우니 아무리 적어도 5개는 먹는 것을 추천한다.

Casa Alongos
영어가 능통하고 친절한 직원들, 싱그러운 야외 파티오, 고품질 요리를 맛볼 수 있는 곳이다. 이베리코 구이는 특히 추천한다.

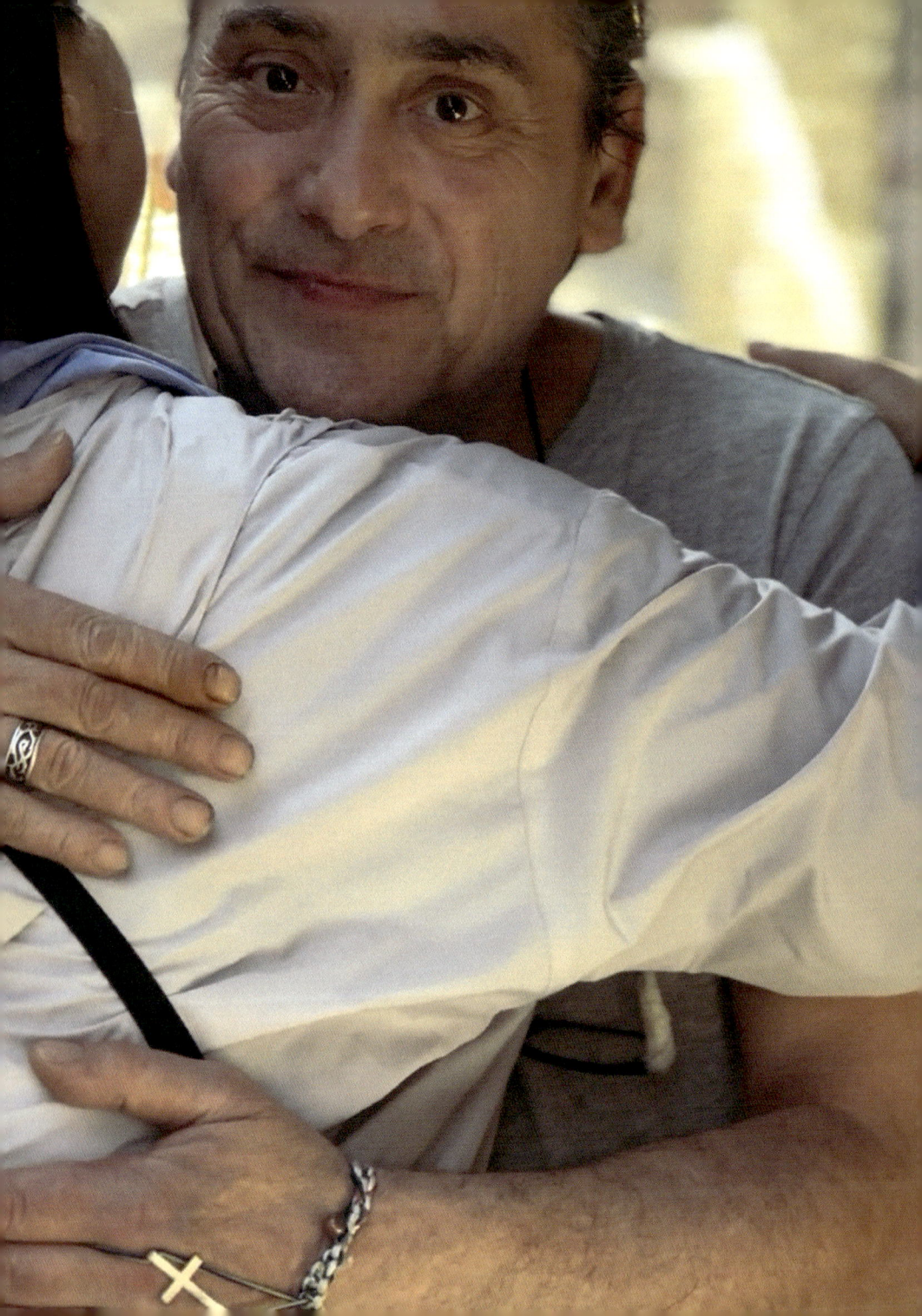

#21

해가 뜨자마자 나선길에 몇 개의 교회를 지나고... 내일은 너무 새벽 출발이라 성당에 들어가지 못할 것 같아 잠시 마지막쯤에 있는 산따 루시아 소성당에 들러 한 달여간 길 위에서 만난 모든 것을 감사하며 기도했다. 숲길을 걷고 걸어 10키로미터 정도 남겨놓고 시온야강을 만났다. 모든 순례자가 이곳에서 그동안의 더러움을 씻고 산티아고로 향한다고 했다. 우리도 잠시 배낭을 벗고 물속에 발을 담갔다. 이제 마지막 길만 남았다 생각하니 마음이 좀 이상하다. 아직 여정이 일주일 정도 남아있지만... 너무 헤어져 못 입게 된 옷은 이곳에서 정리해 본다.
두벌(?) 신사에서 단벌(?) 신사가 된다.
#산티아고순례길 #caminodesantiago #Sionlla #casadeamancio

이제 거의 목적지에 다다랐다고 생각하니 만감이 교차한다. 딸내미가 내일은 광장에 사람이 많이 붐빌 것 같으니, 새벽에 일찍 들어가자 한다. 아직 순례길이 끝난 것은 아니지만 시간이 있을 때 작은 성당에 들러 감사 기도를 드린다. 그냥 걷기에도 벅찬 길을 우린 둘 다 각자 마음의 짐을 등에 지고 걸었으니 참으로 피곤할 만했다. 아무것도 문제가 해결되지는 않았지만 적어도 우리는 앞으로 어떻게 살아야 하는지에 대한 답은 얻고 간다고 확신 해본다. 아무것도 해결되지 않았음에도 감사의 기도가 넘치는 이유다.

얼마쯤 가니 아름다운 개울이 흐른다. 순례자들이 산티아고에 들어가기 전에 이곳에서 그동안 순례길에서 쌓인 더러움을 깨끗이 씻어내는 시온야강이라 했다. 우린 땀으로 범벅이 된 배낭과 신발을 벗어 던지고 정성스럽게 발을 담그고 씻어본다. 시원함과 함께 경건함이 느껴진다.

이제 고지가 보이기 시작한다. 마음이 편안해서일까 주변 자연이 더더욱 푸르고 아름답게 보인다. 아직 마르지 않은 맨발에, 낡은 트레킹화를 배낭에 대롱대롱 매달고 앞서가는 딸의 모습이 사랑스럽다.

 **참고하시면 좋아요**

casa Nené
올리브유에는 발사믹이 아닌 천일염을 찍어 먹는 것이 정석임을 알게 된 곳. 모든 요리가 맛있었지만, 이베리코 구이와 조개 구이 (Zamburiña)를 특히 추천한다.

Marela Cantina
A Brea라는 작은 마을에 있는 유일한 식당이다. 유일한 옵션치고는 인테리어도 메뉴도 훌륭하다. 지역특산품인 사과로 만든 사이다, 버거, 파스타, 부리또 모두 추천할 만하다.

Casa de Amancio
시온야강을 건너서 다음 마을까지 가야 숙소가 나오는데 너무 배가 고파 식당을 검색해서 찾아간 곳이다. 고급 호텔에 딸린 식당이라 우리 행색에 들어가도 되는지 걱정했는데 정장을 차려입은 지배인이 아무렇지도 않게 자리로 안내한다. 뽀얀 테이블보에 고급 와인잔, 거기에 파티가 열리는지 옆에서는 풍선과 선물로 준비가 한창이었다. 참으로 어울리지 않는 우리 모습에 걱정도 잠시, 배가 고프니 우선 먹기로 한다. 이때도 깨달았지만 걷는 동안 스페인 그 어디에서도 순례자를 대하는 태도는 일관되었다. 응원하고 도와주려 하지 싫은 내색이나 눈치를 주는 경험을 적어도 우리는 하지 못했다. 검색해 보니 이곳은 랍스터 빠에야가 맛있단다. 다행히 2인분부터 가능하다 하여 사치를 부려보기로 하고 딸은 이때다 싶었는지 추천을 받아 갈리시안 알바리뇨까지 주문했다. 결론적으로 여행 중 최고의 식사 중 하나였고 배터지게 먹고도 반 이상 남아 포장까지 해왔으니, 돈도 아깝지 않았다. 식사 시간에 맞춰 지나가게 된다면 자신있게 추천할 수 있는 곳이다.

#22

드디어 산티아고 들어가는 날이다. 광장에 아침에 도착하려면 서둘러야 했다. 보슬비가 조금씩 내리는 가운데 길을 나선다. 한 치 앞도 보이질 않는다. 앞뒤로 걷다 슬며시 옆으로 다가온 딸에게서 긴장감이 느껴진다. 떠나올 때 제주 홍보대사 위촉장을 받아온 터라 어딘가에 설치되어 있다는 제주 간세를 꼭 보고 싶었다. 하지만 그 새벽에 비까지 내리는 언덕에서 제주 간세를 찾기는... 몸이 얼기 직전 가까스로 찾은 간세와 잠시 눈도장을 찍고 서둘러 산티아고로 향한다. 땀인지 비인지 모를 정도로 다 젖은 몸으로 도착... 아침이고 비 때문인지 우리 말고는 사람이 거의 없다. 축축한 바닥에 가방을 던지고 사진부터 찍는다(나중에 딸에게 혼남~ㅋ 긴 여정의 뜨거운 감정을 느끼기 전에 사진부터 찍었다고) 그러게... 왜인지 난 별 느낌이 없다. 그저 서둘러 순례자 줄이 길어지기 전에 사무실에 들러 완주증을 받고 따뜻한 물에 샤워가 하고 싶다. 하지만 이 긴 여정을 사고 없이 끝내게 해주신 그분께는 비록 빗속이지만 진심으로 뜨거운 감사의 기도를 드린다.
#산티아고순례길 #caminodesantiago #드디어끝나다 #제주올레 #산티아고공동완주 #jejuolle

드디어 그날이다. 아직 깜깜한 새벽길을 나서니 비가 부슬부슬 내린다. 정말 한 치 앞도 보이지 않는 칠흑 같은 길이다. 앞서 걷는 내게 딸이 슬며시 다가와 바싹 내 옆으로 몸을 붙인다. 왠지 긴장감마저 느껴진다. 참으로 먼 길을 걸어왔다.

마지막 날이 다가올수록 우리가 가진 걸 하나씩 버리고 그 버린 짐과 함께 마음의 짐도 조금씩은 덜어낸 것 같다. 두벌 신사였다가 단벌 신사가 되고 두 켤레였던 신발도 이젠 신고 있는 거 하나다. 내 마음속의 짐도 이만큼의 부피로 줄어 들었길 바라본다.

광장이 가까워질수록 비도 거세진다. 예쁜 모습으로 인증샷을 찍고 싶었는데 비에 젖은 우리 모습은 우리의 의지와는 상관없이 그분이 바라시던 딱 순례자의 모습이다. 기대했던 엄청난 감동도 눈물 나는 세레머니도 없다. 단지 춥고 배고프고 씻고 싶다. 이런 내게 딸아이가 실망이라 말한다. 하지만 이게 지금의 내 진심인 걸 어찌하리. 기대했던 모습은 아니었지만 우린 완주했고 제주올레 완주와 함께 공동 인증을 받았다.

 ## 참고하시면 좋아요

제주올레 공동 완주증
제주올레를 완주한 순례자라면 한국에서 받은 올레 완주증을 들고 가면 공동 완주증을 수령할 수 있다. 산티아고 완주증을 받은 후 사무실 안뜰을 건너 반대편 데스크에 가면 제주올레 완주증을 발급해 주는 부서가 있다. 별도의 비용은 없으니, 수료증과 메달 둘 다 놓치지 말자.

#23

비에 젖은 몸을 씻을 새도 없이 12시 순례자 미사를 드리러 갔다. 긴 줄 끝에 서서 많은 인파 속에 자리를 잡고 앉은 성당 안은 무척 낯설었다. 익숙한 교회가 아닌 성당에서의 미사라니... 찬양이 흐르고 몇 분의 자원봉사자의 대표 언어 말씀 봉독이 이어지고.. 그런데 이게 웬일인가. 알아듣지도 못하는 신부님의 스페인어 말씀에 뜨거운 눈물이 쏟아진다. 긴 여정을 끝내고 이곳에 모인 순례자들의 고단함과 수고를 위로해 주시고 축복해 주는 말씀이려니 하고 아멘~으로 화답한다. 보이지 않는 따듯한 섬김의 손길이 느껴지며 가슴 깊은 곳에서부터 뜨거운 것들이 올라온다. 비록 종교는 다르지만, 오직 한 분 앞에서의... 모든 순례자의 낮지만 깊은 존중의 몸짓들이 내 눈을 더 뜨겁게 한다. 미처 광장에선 느끼지 못했던 그것이다.
#산티아고순례길 #caminodesantiago
#순례자미사 #감사 #뜨거운눈물

온몸이 엉망이었지만 씻을 수도, 쉴 수도 없다. 12시 순례자 미사는 꼭 드려야 했기에 잰걸음으로 성당으로 향했다. 줄이 긴 것을 보니 좀 더 서둘렀어야 하나보다. 바로 앞은 아니지만 가운데 어디쯤 자리 잡고 앉아 그제야 주위를 둘러본다. 사실 우리는 천주교도가 아니라 성당도 미사도 어색하다. 그런 우리에게 한가지 특별하게 보였던 게 내 앞을 가로질러 가는 모든 분이 멀리서도 제단을 그냥 지나치지 않고 정중하게 예를 갖춰 절을 하고 지나는 것이다. 가끔은 온몸을 다 바닥에 대고 큰절을 드리는데 그들의 깊은 신앙심이 내게도 깊이 전해졌다.

미사 시작을 알리고 여러 가지 언어의 성경 봉독이 이어졌다. 물론 한국말은 없었지만 여러 나라 순례자를 위한 배려가 느껴졌다. 미사가 시작되고 신부님의 스페인어 말씀이 이어지는데 뜨거운 눈물이 쏟아진다. 알아듣지도 못하는 언어의 말씀에 가슴이 뜨거워지고 눈물이 쏟아지다니. 분명 이곳에도 그분께서 나와 함께 하신다고 생각하니 그저 고맙고 감사했다. 그 유명한 향로가 피워지고 거대한 향로가 좌우로 앞뒤로 움직일 때마다 순례자들의 고단함이 위로 받는듯했다. 그저 지나가는 순례자일 수도 있는데 너무도 많은 분의 수고와 섬김이 느껴지는 따듯한 예배였다. 순례길의 마지막을 이렇게 아름다운 예배로 마무리할 수 있음에 다시 한번 감사한 하루였다.

#24

출발할 때 받은 제주올레 팜플렛을 적당한 곳에 놓고 홍보하는 것이 우리의 작은 임무(?)였기에 처음 생장에서 순례자 사무소에 들렀을 때부터 시작하기로 했다. 먼저 말씀드려도 되는지 묻고 제주올레에 대해 자세히 알려드렸다. 의외로 거기에 계신 분도 전혀 알고 계시지 않았다. 홍보 팜플렛을 놓을 때도 꼭 물어보고 허락을 받고.. 간단하게나마 제주올레에 대해 말씀을 드렸다. 다행히도 스페인어를 할 줄 아는 딸내미 덕에 영어를 모르는 숙소 분들도 수월하게 홍보할 수 있었던 것 같다. 워낙 한국에 대한 관심도 높아서인지 모든 분이 친절하게 응대해 주시고 관심도 있었던 것 같다. 스페인 순례길을 걸으며 다시 한번 우리 제주올레가 얼마나 멋진 길인지 알았기에 많은 외국인이 제주올레를 경험할 수 있었으면 하는 바람과 기대를 해본다.

#산티아고순례길 #caminodesantiago
#제주올레 #산티아고공동완주 #jejuolle
#제주올레홍보대사

처음 산티아고 순례길을 계획하고 있을 때 인스타에 공지가 하나 떴다. 이미 제주올레를 완주한 사람 중에 산티아고에 갈 계획인 사람에게 제주올레 홍보대사라는 임무를 부여하는 것이었다. 올레 안내서를 가지고 가서 우리가 머무는 숙소나 카페, 순례길 등에 자료를 놓아두고 순례길에서 만나는 여러 나라 사람에게 제주올레에 관해 홍보하는 일이었다. 우리는 사람들이 많이 머무는 알베르게에서 많이 머무르지는 않아서 카페나 호텔, 걷는 길 위에서 만나는 모든 이에게 제주를 알려야 했다.

다행히 스페인어까지 할 줄 아는 딸아이 덕분에 만나는 모든 순례자에게 제주의 아름다움을 알릴 수 있어 좋았다. 우리의 이야기를 듣는 모든 사람이 제주에 관심 있어 하고 또 제주에 방문하고 싶다는 얘기들을 많이 했던 것 같다. 비록 무게 때문에 많은 자료를 가져오지도 못했고 한정된 시간과 장소로 인해 그 효과는 미미하겠지만, 우리와 같이 이 임무를 해주신 많은 순례자가 계시기에 아름다운 제주가 언젠가 스페인만큼 다양한 곳에서 모인 순례자들로 넘쳐나기를 기대해 본다.

Un compañero del Camino de Santiago
Toda la isla es como un museo de volcanes.

Sendero Olle de Jeju
Jeju Olle Trail
11 DE AGOSTO
25 DE AGOSTO

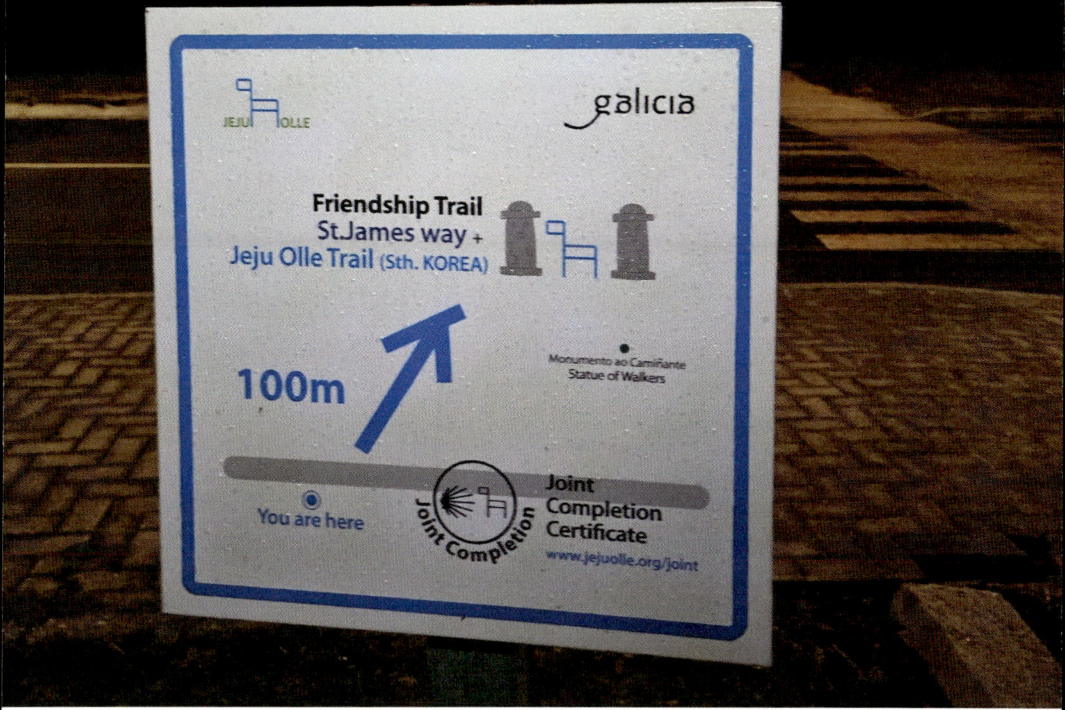

Friendship Trail
St.James way +
Jeju Olle Trail (Sth. KOREA)

100m

You are here

Joint Completion

Joint Completion Certificate
www.jejuolle.org/joint

Monumento ao Caminante
Statue of Walkers

JEJU OLLE   galicia

#25

산티아고에서의 마지막 밤이다. 며칠 전 미리 예약한 씨푸드 식당에서 마시지도 못하는 와인을 두 잔이나 마시고… 심장이 나대고 얼굴에선 불이 난다. 음악 소리에 이끌려 나간 광장 여기저기서 축제가 벌어지고 있었다. 아니 다들 잠들 시간에 이런 공연이라니… 여기는 민원을 넣는 사람도 없단 말인가… 어쨌든 우리도 즐기자~~ 알딸딸한 상태로 같이 춤추고 노래하고… 부럽다… 그리고 행복하다. 12시가 넘도록 음악 소리를 들으며 잠든 것 같다.
#산티아고순례길 #caminodesantiago #마지막밤 #축제

스페인에서 먹은 음식의 가짓수는 정말 몇 개 안 된다. 며칠을 뽈뽀를 먹다가 또 며칠은 이베리코 돼지고기를 먹고. 처음에 뽈뽀는 우리나라 문어와 달리 무척 부드러워 놀랐고 또 그 맛에 놀랐다. 분명 들어간 재료는 문어뿐인데 이런 맛이 난다고? 가는 곳마다 시켜서 먹었지만, 어느 곳도 우리를 실망하게 하지 않았다. 이베리코 돼지고기 또한 그랬다. 어떻게 돼지고기에서 이런 맛이 나는지. 웨이터에게 물어보니 양념이라고는 소금(그것도 그냥 천일염이란다)하고 올리브유뿐이란다. 처음 돼지고기의 맛을 알고는 다음 도시에 가서는 일부러 이베리코 맛집을 찾아갈 정도로 우리는 돼지고기에 빠졌다.

그래도 콤포스텔라하면 해산물이라며 마지막 저녁은 근사한 레스토랑을 예약하고 방문했다. 맞은편 사람이 보일락 말락한 정도의 조명에 어깨가 닿을 정도로 좁은 공간에서 처음 본 사람들과 모여 앉아 해산물을 즐겼다. 역시나 해산물엔 와인이라며 서버가 따라주는 대로 계속 마셨다. 얼굴에서 불이 난다. 광장으로 나오니 이미 그곳은 축제의 장이다. 광장 이곳저곳에서 춤추고 노래하고 늦은 밤까지 다들 떠날 줄 모르고 소리 지른다. 나도 슬쩍 취기를 핑계 삼아 평상시 해보지 못한 춤을 추어 본다. 몸이 가볍다. 딸내미가 이런 어미가 재미있는지 먼발치에서 핸드폰을 들어 낯선 어미의 모습을 찍어 댄다. 감사해서 춤추고 행복해서 춤춘다. 지금 이 시간 이곳에 이렇게 있을 수 있음이 한없이 감사하다.

 **참고하시면 좋아요**

Abastos 2.0
국내외 산티아고 포럼에 어김없이 등장하는 해산물 맛집이다. 시장 근처라 이른 시간에 가면 식자재 구경도 가능하다. 조금 더 포멀한 식사를 원한다면 맞은 편에 같은 이름의 식당도 있지만, 이곳에서는 같은 퀄리티의 음식을 아늑한 공간에서 편하게 만나볼 수 있다. 쉐프맡김 코스로 주문하면 고민할 필요 없이 꼬막, 맛조개 등 그날의 제철 요리를 모두 맛볼 수 있다. 양도 적지 않으니 배고픈 상태로 가기를 추천한다. 로컬 화이트 와인 한 잔 곁들이면 더할 나위 없는 식사가 될 것이다.

Peregrina a compostela
색다른 기념품을 찾는다면 지역 디자이너가 직접 제작하는 의류와 잡화를 판매하는 이 가게를 추천한다. 특히 티셔츠는 가격 대비 품질도 훌륭하고 디자인도 세련됐다.

#26

산티아고에 입성은 했지만, 아직 갈 곳이 한 곳 더 남았다. 진정한 의미의 0키로미터 지점이 남았으니... 이름하여 까미노 번외판이라 할까.. 피스테라와 묵시아가 그곳이다. 콜롬버스가 신대륙을 발견하기 전까지 유럽 사람들은 이곳을 세상의 끝이라 믿었다고 한다. 오늘은 걷지 않고 다른 순례자들과 함께 투어버스를 이용하기로 했다.
아침 일찍 버스를 타고 여행길에 올랐다. 아... 날씨... 애들 말로 미쳤다. 땅끝 바다색은 또 어떻고... 나중에 딸이 말한다.
묵시아에서 자기는 진정한 순례길의 의미를 알게 되었다고...
참으로 감사하다. 돌아오는 길 버스 차창 밖으로 아직도 이어서 걷는 순례자들이 보인다. 진정 존경스럽다. 부엔 까미노!
#산티아고순례길 #caminodesantiago
#fisterra #muxía

처음 며칠 순례길을 걸으며 딸아이가 많이 했던 말이 이거다. 아니 왜 이 길을 걷는 거야? 뭐 특별한 것도 없는데 왜들 오는 거야? 난 의미를 모르겠네.

모든 일정이 끝나고 이번엔 까미노 번외편이라 할 수 있는 피스테라와 묵시아로 향했다. 피스테라까지 갔을 때도 별 반응이 없던 딸아이가 묵시아에 이르러 내게 말한다. 진정한 산티아고는 여기였다고. 이제야 왜 여기를 왔는지 알 수 있었다고. 이 순례길에 초대해 준 엄마에게 감사하다고. 다음에도 초대해 주면 좋겠다고.

사실 나조차도 이 길을 걷는 초반엔 너무 힘들었다. 정리되지 않은 수많은 감정과 회복되지 않은 몸 상태로 순례길을 걸으며 도망칠까도 생각해 봤고 까짓것 이번에 못하면 다음에 하지 뭐 이런 생각도 했었다. 하지만 깊은 통증과 함께 하나의 순례길을 끝내면 알 수 없는 감사가 넘쳤던 것 같다. 짧게나마 올린 인스타를 통해 이 마음을 먼 한국에 있는 남편도 함께 느끼며 눈물 흘렸다고 나중에 들었다. 산티아고에 간다고 주변에 알렸을 때 다들 물었다. 왜? 뭐 하러? 거기 뭐가 있는데? 지금도 난 명확히 답할 수 없다. 하지만 난 그 길을 걸었고 참으로 감사했다고, 그리고 당신도 걸어보라고 권하고 싶다.

 ## 참고하시면 좋아요

Viator.com
Muxia/Finisterre까지 가는 투어는 찾기 그리 어렵지 않다. 우리는 여러 옵션 중 'Viator'이라는 투어 전문 사이트를 통해서 예약했다. 7개의 여행지를 9시간 동안 진행하는 투어였고 한국/외국 사이트 통틀어 최저가 중 하나였는데 결과적으로 큰 문제 없이 알차게 다녀왔다. 확인하면 좋을 것은 출발 위치이다. 지도상으로 멀어 보이지 않아도 경사진 도로와 초행길을 걷다 보면 생각보다 집합 장소까지 시간이 빠듯하다. 시간을 넉넉하게 잡거나 숙소 근처에서 출발하는 투어를 선택하는 것이 좋다. 한국어 오디오 가이드가 제공된다고 했는데 표시했음에도 제공되지 않았다. 약간의 영어 리스닝을 할 준비가 되어 있다면 한층 유익한 시간이 될 것이다.

마지막 Sello
아직 순례자 여권에 빈칸이 있다면 직접 만든 Sello를 찍어주시는 분들을 놓치지 말자. 약간의 잔돈도 잊지 말자.

#27

산티아고에서의 긴 여정을 끝내고 마드리드로 이동했다. 긴 여정으로 피곤했지만 마드리드에서 2~3일 쉬어가기로 했다. 공기 좋은 시골에만 있다 와서 그런지 마드리드 들어오자마자 딸내미도 나도 두통이 시작됐다.
우린 시골살이 체질인가? 마주 보며 깔깔
어쨌든 즐겨봅시다~ Let's go!
#산티아고순례길 #caminodesantiago
#마드리드 #솔광장 #마요르광장 #마드리드왕궁

순례길의 일정은 끝이 났지만, 우린 며칠 더 스페인에 머무르기로 했다. 일단 마드리드로 옮겨 스페인을 좀 더 느껴보기로 했다. 그런데 이게 무슨 일인지 그동안 한 번도 오지 않던 두통이 시작됐다. 나만 그런 것이 아니고 딸도 같이. 우리가 이토록 예민한 사람이었던가? 시골에서 도시로 오자마자 두통이라고? 어쩌겠는가? 약 먹고 달려보자고!

한 달여 먹지 못한 한식도 맛나게 먹고 빵이 맛있다는 핑크색 빵집에도 들러 탄수화물도 마음껏 충전했다. 시식 인심이 훌륭한 초콜릿 가게에서 들려 초콜릿도 잔뜩 샀다. 숙소 근처 백화점 식품 코너에선 올리브유 삼매경에 빠져 몇 시간을 있었는지 모른다. 읽어도 모르는데 왜 그렇게 집착했는지 모르겠다. 들고 가지 못하는 납작 복숭아는 뱃속에라도 넣자며 사고, 와인 좋아하는 딸내미는 와인코너에서 아예 나오질 않는다. 이고 지고 호텔로 돌아오니 집까지 담아갈 가방이 없다. 순례길 걸을 때 지고 다니던 배낭은 겨우 32리터. 안 되면 되게 해야지. 다시 가방 사러 go~ 이참에 제대로 된 하드케이스 캐리어 하나 장만하자며 애써 핑계를 대본다.

 ## 참고하시면 좋아요

Madrid행 기차
대도시로 가는 대중교통 편은 구하기 쉬울 것이라는 착각은 금물이다. 한국 생각만 했다가 출발 며칠 전에야 기차를 알아본 우리는 결국 기차도, 버스도 구하지 못하고 매우 비싼 가격에 비행기를 겨우 구해 마드리드로 이동할 수 있었다. 여행 일정이 확정되었다면 늦어도 2주 전에는 기차표를 먼저 예매하는 것을 추천한다.

Madrid Sarangbang
스페인 음식에 흠뻑 빠진 우리도 마드리드 입성 며칠 전부터는 한국 식당을 검색하기 시작했다. 짬뽕이 예술이라는 평을 보고 찾아간 사랑방은 한국과는 조금 다른 스타일이지만 정갈한 반찬, 푸짐한 양, 만족스러운 맛까지 흠잡을 곳 없었다. 든든하게 먹었다면 아기자기한 동네 산책도 추천한다.

Torrons Vicens
전통 깊은 누가 맛집인데 초콜릿 시식에 이끌려 들어갔다. 가격도 부담스럽지 않아서 지인 선물을 사오기에도 좋다.

Pasteleria La Malloquina
압도적인 구글 평을 보고 갔는데 알고 보니 한국의 모 아이돌이 방문해서 유명하기도 하단다. 포장은 1층에서 대기하고, 매장취식은 2층으로 가는 계단 앞쪽에 있는 번호표를 뽑으면 된다. 인기 좋은 창가 자리는 사진 찍는 이들로 잘 비지 않지만 운을 믿어보자. 주스보다는 커피 종류를 추천하고, 초콜릿 들어간 빵이라면 실패가 없다.

#28

마드리드에서 첫날 오전 산미겔시장에서 점심을 먹기로 했다. 규모가 크지는 않았지만, 입구에서부터 시작된 화려한 음식들은 안 그래도 선택 장애가 있는 나를 더욱더 힘들게 한다. 신선도는 물론 비주얼 맛까지... 다 먹을 수 없는 게 안타까웠다. 하지만 딱 한 가지 단점(?)이 있었으니 가격이 너무 비쌌다. 음식값도 다른 곳에 비해 비쌌지만 페트병 생수 작은 거 1병에 2유로가 넘는다. 그것도 시장 전체가 균일가(?)인 건...
#산티아고순례길 #caminodesantiago #sanmiguelmarket

다음날은 일찍부터 산미겔시장으로 향했다. 먹는 것에 워낙 진심인 우리 모녀는 먹는 것도 중요하지만, 재료에도 관심이 많아 우리에겐 딱 맞는 장소였다. 어수선한 시장 입구를 지나니 그야말로 산해진미가 펼쳐진다. 첫 집부터 발길을 멈추게 하더니 한집 지나가기가 너무 힘들다. 사진 찍고 구경하고 또 바라보고. 뭐든 먹어야 하는데 사람은 둘인데 먹을 게 많아도 너무 많다. 다행히도 시장 규모가 생각보다 크지 않아 우린 겨우 발길을 멈추고 두세 군데 음식을 샀다. 그런데 이 시장, 비싸도 너무 비싸다. 심지어 물까지 비싸다. 가격은 거의 단합 수준으로 똑같고. 시장 한쪽에 자리를 잡고 사서 온 것들을 펼치고 맛을 본다. 감사하게도 맛있다.

 **참고하시면 좋아요**

Pinkleton & Wine
산미겔 시장 안에 있는 와인바이다. 크리안자부터 그란레제르바까지 대부분 2~5유로면 품질 좋은 와인을 한 잔 가득 맛볼 수 있다. 조금 색다른 경험을 해보고 싶다면 셰리 시음을 부탁해 볼 것을 추천한다. 운이 좋으면 인심 좋은 사장님이 한두 잔은 맛보기로 내어주시기도 한다.

El Corte Inglés Castellana - Las Nubes
여러 개의 지점 중 특별히 이곳은 6층에 한적한 푸드코트가 마련되어 있다. 콜라 한 잔만 주문해도 직접 튀긴 감자칩을 안주로 내어준다. 파스타 등 익숙한 메뉴부터 로컬 음식과 디저트까지 즐비하니 취향껏 들고 마드리드 전경이 펼쳐지는 창가에 앉아 여유로운 시간을 보내기 좋다.

#29

스페인에서 플라멩고 공연은 꼭 한번 보고 싶었다. 저녁 공연을 예약한 것까지는 좋았는데... 아뿔사! 옷이 없다. 달랑 트레킹옷 두 벌 가져와서 그마저 한 벌은 버리지 않았던가? 급 ZARA로 뛰어가 원피스(?) 하나씩 사 입고... 동네 산책할 때 신던 슬리퍼 끌고... 헐 가방이 없네~ㅋ 갈 때 에어프랑스에서 받은 어메니티 파우치 당당하게(?) 들고 입장!! 감사하게도 앞줄 바로 뒤에서 생생한 공연을 볼 수 있었다. 가까이에서 무대 위 얼굴 표정 하나... 손끝 느낌 하나까지... 정열. 뜨거움. 슬픔. 아픔. 너무 좋았다. 춤에 대해선 아무것도 모르지만... 공연이 끝나고 온몸이 결려올 정도로 열정적인 무대였다. 이렇게 또 스페인의 추억이 하나 쌓인다.
#산티아고순례길 #caminodesantiago #플라멩고 #TorresBermejas #마드리드의밤 #추억

저녁에 플라멩코 공연을 예약했다. 우리가 지금 있는 이 곳은 스페인이 아닌가? 너무 관광객티는 나지만 그래도 보고 싶다. 예약을 한 것까지는 좋았는데 공연 시간에 맞춰 나가려 보니, 세상에, 우리에겐 아무것도 없다. 입을 옷도 신발도. 두 벌 들고 온 트레킹옷은 한 달 손빨래로 다 삭아서 그나마 하나는 버리지 않았나? 급하게 호텔 옆에서 본 ZARA로 달려가 원피스 하나씩 사 입고 순례길에서 동네 산책할 때 신던 슬리퍼를 깨끗이 닦아 신고 보니… 어라 백이 없네. 까짓거, 올 때 에어 프랑스에서 준 어메이티 파우치를 당당하게 들고 공연장으로 들어섰다. 세 명의 무용수와 노래와 연주 두 명이 하는 공연이다. 운 좋게도 앞줄에서 본 공연은 정말 좋았다. 연주에 맞춰 부르는 노래는 흡사 우리네 창과도 비슷한 느낌으로 영혼이 느껴졌다. 무용수들의 춤은 놀라웠다. 바로 앞에서 보는 열정 가득한 춤사위에 그들이 표현하고자 하는 모든 감정이 고스란히 전해졌다. 때론 기쁘기도 하고 아프기도 하고 슬프기도 했다. 분명 나는 춤을 추지 않았건만 공연이 끝나고 내 몸이 뻐근하게 아파져 올 정도였다. 이렇게 또 하나의 추억이 가득한 스페인에서의 밤이 깊어 간다.

 ## 참고하시면 좋아요

Tablao Flamenco Torres Bermejas
마드리드에는 다양한 플라멩코 공연이 있다. 이곳은 그란비아 쇼핑가에서 멀지 않고 입문자에게 추천하는 공연이라 하여 방문했다. 실제로 무대 장식, 공연 수준, 음향, 조명, 분위기 모두 훌륭했다. 우리는 가장 저렴한 티켓이라 음료나 음식이 포함되지 않았는데 둘러보니 잘한 선택이었다. 음식 퀄리티는 둘째치고 꽤 열정적인 무대라 식사를 즐기기는 쉽지 않아 보였다. 나오는 길에 잠시 기다리면 공연자와 사진도 찍을 수 있다.

#30

순례길 내내 먹었던 계란 요리(Tortilla de patatas)를 배우고 싶어 마드리드에 있는 쿠킹클래스를 찾았다. 그중 제대로 가르쳐 주실 만한 분을 찾아 여러 나라에서 온 친구들과 Arroz negro, croquetas de jamon, ensalada rusa, bacalao ajoarriero 등을 만들었다. 스페인 음식에 대한 선생님의 자부심은 대단했고 요리 또한 훌륭했다. 특히 이 선생님 덕분에 빠에야에 대한 나의 편견이 180도 바뀌게 되었다. 수업 내내 와인을 5~6병 비워가며 끝없는 수다가 이어진 즐겁고 유익한 수업이었다.
#산티아고순례길 #caminodesantiago #스페인요리수업 #Lola #빠에야

많은 기억과 행복한 추억 속에 스페인의 마지막 날이 왔다. 그동안 순례길을 걸으며 늘 궁금하고 배우고 싶었던 게 Tortilla였다. 그래서 요리 선생님을 알아보고 드디어 요리 수업을 들으러 갔다. 우리와 같이 각국에서 온 8명의 수강생이 모여 요리했다. 유쾌하신 선생님 덕분에 웃음이 끊이지 않았고 요리 수업 내내 부어주시는 와인이 모든 이를 행복하게 했다. 이제까지 내가 알던 잘못된 스페인 요리에 관한 이야기, 재료에 관한 이야기, 요리도구, 올리브, 치즈, 소스까지. 그리고 완성된 음식은 완벽했다.

이번 순례길뿐만이 아니고 나는 어느 도시에 가든 그곳만의 음식을 접하고 먹어보고 배울 수 있는 게 참 좋다. 27일간의 절대 완벽하지 않은 나의 순례길이었지만 언제나처럼 길 위에서 좋은 사람을 만나고 맛있는 음식을 대접받고 나눌 수 있었던 게 이 순례길이 특별하고 감사한 이유일 것이다.

 ## 참고하시면 좋아요

Lóleo - Clases de Cocina
에어비앤비에 등록되어 있는 여러 개의 쿠킹클래스 중 가장 가격대는 높았지만 제대로 된 현지 음식을 배울 수 있을 것 같아 선택했고, 결과는 대만족이었다. 가격 때문에 망설여진다면 쿠킹클래스 + 코스요리 + 와인까지 포함한 가격이라고 생각하면 크게 어려운 결정은 아닐 것이다. 같은 건물에 재래식 시장과 마트가 붙어있으니 수업 전후로 구경해보는 것도 재미있다.

여행을 끝내고

꿈같은 한 달이 지나고 다시 일상으로 돌아왔지만 난 분명히 알게 됐다. 이건 시작일 뿐이라고. 난 벌써 그다음 또 다른 산티아고를 위해 짐을 싸고 있다는걸.

내 나이 이제 70을 향해 달려가고 있지만 내 심장이 뛰고, 다리가 움직이는 한 난 또 다른 길 위에 서 있을 것이다. 산티아고를 걸으며 느꼈던 아픔, 슬픔, 기쁨, 고마움, 감사함이, 모든 것들이 그립고 또 그립다.

이 글을 빌어 열정적인 개인교습을 해주신 순례길 선배님, 기대 반 걱정 반 애정의 마음으로 함께해 준 친구들을 포함하여 우리가 안전하게 산티아고를 다녀올 수 있도록 도움을 주신 모든 분께 감사의 마음을 전한다.

특별히 마누라 돈 걱정 안 하고 여행 다니라고 친구들 다 은퇴해서 놀러 다니는데 아직도 돈 벌어다 주는 나의 절친 고맙고 감사합니다. 늘 긍정적인 언어로 엄마를 응원해 준 나의 마지막 사랑, 우리 아들도 정말 고마워. 마지막으로 이 여행 내내 늘 나보다 더 날 알고 지켜준 우리 딸 미안하고 고맙고 사랑해. 부디 이 여행이 너와 나에게 예쁘고 행복한 추억이 되었기를.

딸, 산티아고 갈래?

초판 1쇄 2025년 6월 15일

글 정미영
편집 박차미

펴낸곳 이분의일
주소 경기도 과천시 과천대로 2길 6, 과천테라스원 508호
전화 02-3679-5802
이메일 onehalf@1half.kr
홈페이지 www.1half.kr

출판등록, 제 2020-00015호
ⓒ정미영, 2025

ISBN 979-11-94474-18-0 (03920)

이 책에 실린 글과 이미지의 무단복제를 금합니다.
이 책의 내용의 전부 또는 일부를 재사용하려면 반드시 출판사의 동의를 받아야 합니다.